YOU CAN WIN

成功者の「態度」と「行動」の法則

君なら勝者になれる

シブ・ケーラ 著
サチン・チョードリー 監訳
大美賀馨 訳

フォレスト出版

この本の拠り所となる基礎を作ってくれた母に、感謝を込めて。

監訳者の言葉

二七六万部の大ベストセラーがついに日本上陸！

シブ・ケーラの凄さは一言では言い表すことができない。彼は、アメリカ、シンガポール、ヨーロッパなど、世界各地で仕事をしている印僑であり、講演家、モチベーター、作家、教育者、経営コンサルタント、成功しているアントレプレナー（起業家）でもある。

私がインドではじめて自己啓発を読んだのは、この本だった。

本書の原著である『You Can Win』は、全世界で二七六万部を超える大ベストセラーになっている（**本書は、２０１４年５月に改訂版として刊行された『You can win』を邦訳、編集したものである**）。

インドには世界的な自己啓発の大家が何人かいるが、彼が最も有名だ。

彼がひとたび講演を行えば、五〇〇〇〜一万もの人がすぐに集まる。彼は多くのグローバル企業の顧問につき、企業や個人に対して、多くの成功哲学、成功法則を指導してきた。

彼の主なクライアントは、**ルフトハンザドイツ航空、IBM、ヒューレット・パッカード、コカ・コーラ、シティグループ、キヤノン、ジョンソン&ジョンソン、ネスレ、メルセデス・ベンツ**……世界的グローバル企業ばかりだ。

世界中の人が支持する「成功のレシピ」

ただ勘違いしないでほしい。彼が世界中から支持されているのは、大手企業がこぞって依頼する指導者だったからではない。

彼が支持される理由は、その教えが単なる成功哲学ではなく、成功とは程遠い世界にいた彼が、現在に至るまでの成功を体系的にまとめ、その教えが、誰にとっても「使える」ものだったからだ。

その「教え」を、体系的にまとめたものが、本書『君なら勝者になれる』である。

この本に書かれているのは、成功哲学だけではない。

本書の文中にもあるが、この本には、「成功のレシピ」が詰まっている。成功という料理をつくるときに必要な食材、ツール、香辛料、作り方の手順、各手順にかかる下準備と必要な分量とかかるその時間……。

これらのレシピさえわかれば、誰でも作れる。つまり、成功が誰にでも再現できる本になっている。

まさに「You Can Win」なのだ。

つまり、彼は成功のレシピを正しく教えることができる。そのクオリティの高さから、世界中から支持されている。

彼の成功のレシピが「使える」ことを、世界中の人は知っているのだ。

なぜ、あなたは成功できないのか?

あなたはいま成功しているだろうか?

勝者であるだろうか？

もしもあなたが「いま自分は成功していない」と思うのなら、きっとそれはそうなのだろう。そう考えるのは、間違いではないのだろう。

しかし、「成功者ではない」という態度や思考に支配されているのは、正しいことではない。その態度と思考を続けている限り、あなたが成功したり、勝者になったりすることは難しいだろう。

私は、日本人と一緒に仕事をし、多くの大企業から中小企業までを見てきたが、そこで感じるのは、

「勝つ」という思考・態度が見えない

ということだ。もちろんすべての人ではないが、ほとんどの日本人が、「勝つ」ということに積極的ではなく、人間関係や空気の融和を大切にしている。

それが悪いことではない。

問題は、その考えが行き過ぎた結果、「勝つ＝悪い」と思ってしまっていることだ。

「自分だけうまくいったら、妬《ねた》まれるのではないか」
「彼と差がついてしまうとかわいそうだ」
「現状を変えてまで、勝つことに意味があるのだろうか？」

そう考えている人が多くいる。だが、それは違う。人生は、「勝つ」ことで道が開かれる。

「勝つ」ということは、何も対人的なものではない。自分自身に対して勝つことでもあり、ビジネスや人生をうまくいかせるのも「勝つ」ことなのである。

営業であれば、他社との勝負でもあるし、市場との勝負でもある。事務をしている人間であっても、会社の管理、オペレーションの効率でも勝負だ。

どんな仕事をしていようとも、まずは自分自身に勝たなければいけない。

それらに負け続ければ、道は一向に開けない。つまり勝者にはなれない。

ではどうすれば「勝者」になれるのだろうか？

西洋の成功法則は使えない！成功法則は「東洋」に学べ！

あなたはこれまで、成功法則の本を読んだことがあるだろうか？
そこに何か腑に落ちない、違和感を覚えたことがないだろうか？

世の中には「成功法則」をうたったものは多々あるが、そのほとんどがヨーロッパ、特にアメリカからきたものだ。

いわゆる自己啓発ものとよばれるものが主だが、その多くを使っても成功する人が出てこない。その理由はなぜか？

それは、「西洋の成功法則」が日本人には合わないものだからだ。

日本人が欧米の成功法則の本を読んで、それを真似しようと思ったとしよう。

ある自己啓発書を読むと、「ポジティブになれ」と書いてある。しかし、一日、二日で、急にポジティブになることはできない。

そこでアメリカ人ならどうするかというと、アファメーションをする。

「Be positive!」「YES! YES! YES!」と。

しかし、日本の場合、会社でそんなことはできないはずだ。

アファメーションは、アメリカやヨーロッパの文化で、それは日本人の文化にはないものだからだ。

もちろん、アファメーションをやろうと思えばできるし、有効でもある。しかし、自分に対する語りかけというのは、日本人やアジア人にはなじみが薄く、なかなか腑に落ちてこないはずだ。

その原因は、宗教観と深くつながっている。

「欧米の自己啓発」というのは、突き詰めて考えると、キリスト教と深く結びついている。だから、どれだけうまく翻訳して、どれだけ読みこんだとしても、本当の意味では使えない。

日本には仏教や神道があるので、アファメーションなどより、瞑想や静かに考え、じっくりと自分に落としこむ、という作業が本来向いているはずなのだ。

世界のグローバル経営者が、印僑である理由

近年のアメリカやヨーロッパの成功法則は、逆転現象が起きている。

実は東洋の成功哲学が、アメリカに輸入され、マーケティングスタイルに変化し、言葉や伝え方を変えたものが日本に入ってきているのだ。

たとえば、瞑想もそうである。欧米のコーチングや成功法則で当たり前になった、「メディテーション」や「サブコンシャスネス」などは、もともと瞑想から来ている。そして、その瞑想も、もともとインド仏教、密教、ヨガなどから来ているものにすぎない。

アメリカの成功者、お金持ち、グローバルカンパニーを見ていると、やはり東洋の哲学や思想、メソッドを学んでいる。

マイクロソフト、マスターカード、アドビシステムズ、ペプシコーラの各経営者、

ソフトバンクの副社長、ウォーレン・バフェットの右腕など、みな印僑（インド人成功者）である。彼は、もともと、東洋のマインドを持っていて、さらにアメリカで学び、トップに立っている。

本書は、その印僑の中でも最も有名な「東洋の成功法則」を伝えている本なのである。

結果よりも、八五％の思考と態度

本書で紹介される成功の鍵は、「アティチュード（attitude）」と訳されている。つまり、**勝者になるための鍵は「態度」**である。

アティチュードは、日本語で「態度」と訳されているが、本書でいう態度というよりも、もう少し広い概念が含まれている。

本書で書かれているアティチュードは、「思考」、「仕事に取り組む姿勢」、「情熱」を含んだすべて行動である。

ハーバード大学の発表した研究結果でも同じ内容が報告されている。

「成功における重要なものは、知識や能力、結果や数字は一五％しかなく、成功の八五％は態度」

つまり、あなたが持っている能力がどれほど高く、豊富な知識があろうとも、それらは成功において、ほとんど大した問題ではないということだ。

それよりも、あなたがどういう姿勢で日々過ごしているか、どんな思考で行動しているか、自分自身、パートナーや周りの人がどうすれば勝てるだろうか、と考えている思考と態度が、成功のほとんどを占めているのだ。

本書を読み進めていくとフランスでの事例やアメリカでの事例が出てくるが、あくまで彼が欧米で体験した成功事例にすぎない。

彼の関わっている人や企業が世界中にある人なので、成功事例として出ているが、彼のベースになっている考え方は、東洋哲学。

つまり「インドの成功法則」なのだ。

「勝者」として振る舞うことが、成功につながる

最後に私から、どうすれば勝者になれるかをお伝えしておきたい。

重要なのは次の三つだ。

- **成功する前から勝者として振る舞う**
- **勝者になるための戦略を考える**
- **敗者の態度を示す人たちとの距離を考える**

勝者になる、つまり成功者になるためには、この三つを押さえておく必要がある。

こう言われても、具体的にどうすればいいか、わからないかもしれない。

でも、心配はいらない。

なぜなら、本書を読めば、その具体的な方法と行動のステップをシブ・ケーラが教えてくれるからだ。

彼は東洋の成功法則の偉大なグルである。そして、自分の人生を変えたいと、この本を手にしたあなたの思考と態度は、すでに「勝者への条件」を満たしていることを示している。

だからきっと、君なら勝者になれる。

自らの日々の行動を見直し、本書の教えとワークを実行すれば、道はひらけるはずだ。かつての私がそうだったように。

私は、自分が困難に立ち向かうとき、迷ってしまったとき、必ずこの本を開くことにしている。

あなたも困ったとき、自らを正しい方向に導きたいとき、本気で自分を変えたいと思ったとき、何度もこの本を読み直し、実践してみてほしい。本書には成功のレシピが詰まっているのだから。

監訳者　サチン・チョードリー

著者まえがき

この本の特徴

ある意味で、本書は「建設マニュアル」と言ってもいい。成功のために必要なツールについて説明した上で、価値のある成功した人生を構築するのに役立つ青写真を提案しているからだ。

また、本書は「料理本」でもある。成功するために必要な材料——行動指針——をリストにし、それを正しい比率で混ぜ合わせるためのレシピを紹介しているのだから。

しかし何より、本書はガイドブックである。成功を夢見ることから、成功のための潜在能力を解き放つところまで、一歩ずつあなたを導いていく手引書なのだ。

本書の読み方

この本で説いているのは、時代に左右されない行動原理であり、成功の原理だ。正しく活用すれば、生涯続く成功の助けとなる。

しかし、ざっと目を通すだけでは、内容を吸収することはできない。一度に一章ずつ、じっくり読むことをおすすめしたい。

また、本書はワークブックとして使うこともできる。余白に書き込んでもいい。重要な、あるいは特に自分に当てはまると思った言葉や文章、パラグラフにマーカーで印をつけるのもいいだろう。

本書を読むことと並行して、各章のコンセプトについて、パートナーや親しい友人と話し合ってみてほしい。あなたの弱点も長所も知っている人からのセカンドオピニオン（できれば遠慮のないもの）は、特に有益になるはずだ。

行動計画を立てる

この本の目的の一つは、これからの人生の行動計画を作るための手助けをすることだ。行動計画を立てたことがないなら、まずは三つのことを明確にするといい。

1. 達成したい目標
2. 達成するための方法
3. 達成目標日

本書を読むときは、ノートを用意して、線で三つに分割し、それぞれのセクションに「目標」「そこにたどり着くまでのステップ」「成功までのスケジュール」を書き込んでほしい。

本書を読み終えたとき、そのノートが新しい人生を作る土台となるはずだ。

本書に書かれている成功の原理は、世界共通である。どんな状況にも、どんな企業にも、どこの国にも適応できる。プラトンが言うように、「真実は永遠」なのだ。

この本では一貫して男性的な言い回しを使っているが、それは書きやすさからそうしているだけである。

本書で紹介する原理は、男性にも女性にも適応できるし、「人が失敗するのは、能力や知識不足が原因ではなく、意志、目標、献身、努力が足りないためである」という前提に基づいている。

改訂版となる本書では、多くのコンセプトについてわかりやすく書き直し、さらに詳しい解説を加えた。本書で説明したコンセプトを実行してもらうため、細かなことを一歩ずつ達成するための行動計画も加えたし、潜在意識について書いた章では、自己暗示に関する記述も書き足した。改訂版では、成功の原理を説明するだけでなく、どうしたらそれを実現できるかについても解説している。

謝辞

どんな偉業も多くの人の力があってこそ成し遂げられるものだが、この本も例外ではない。まず娘に、そしてとりわけ妻に。妻の忍耐力とサポートが、この本を書きあげる助力となってくれた。また、一生懸命仕事に励んでくれたスタッフたちのおかげで、出版にこぎつけることができた。

多くの事例、ストーリー、逸話は、新聞や雑誌、他の人の講演、それからセミナー参加者の方々から、二五年間かけて収集したものである。残念ながら、話の出どころについては言及がないものや、はっきりしないものもある。それゆえ、絶対に間違いのないものであるとは言い切れない。情報源が誰であれ、それが名も知らぬ人であっても、この本を書く助けとなってくれたことに大きな謝意を示したい。

本書の中で使った資料に対して賛辞を送るために、あらゆる努力をした。もし行き届いていなければ、次の版では著者の目にとまった資料にしかるべき賛辞を送りたい。

そして、文中からの引用を許可してくれた、次の書籍にも大きな感謝を捧げる。

『The Best of Bits and Pieces』一九九四年、The Economics Press, Inc.

目次

第1章

勝者と敗者を決するものは何か？

Chapter I:
Difference between
winners and losers

風船の中には何が入っているか?

私たちに物事のやり方を教えてくれるのが「能力」であり、なぜやるのかを決定するのが「モチベーション」である。

この二つをいかにうまくできるか、それを左右するのが、「態度」である。

態度とは何であるか? それは次の話からイメージしてほしい。

遊園地で風船を売って暮らしている男がいた。赤、黄、青、緑など、風船にはたくさんの色があった。あまり売れないときには、男はヘリウムの詰まった風船を空へと飛ばす。すると飛んでいく風船を見た子供がみな風船を欲しがり、男のところへやってきて風船を買うので、商売が上向くのだ。客が来なければ、日がな一日、風船を飛ばし続けた。

ある日、男は、誰かがジャケットを引っ張っているような気がして振り向いた。そこには小さな男の子がいて、男にこう尋ねた。

「もし黒い風船を飛ばしても、ちゃんと飛んでいくの？」
この質問に心を動かされ、男は優しく答えた。
「ぼうや、風船を飛ばしているのは色じゃない、中に入っているものなんだ」

同じ原則は、私たちの人生にも当てはまる。大切なことは、中に何が入っているかであり、私たちを上に向かわせてくれる中身。それが態度（attitude）である。態度は、心構えであり、取り組む姿勢、そして、思考のことでもある。あなたの中身そのものを指す。

ハーバード大学で教鞭をとっていた哲学者であり、心理学者でもあったウィリアム・ジェームズは、次のように言っている。

「我々の世代の最も偉大な発見は、人は心構えを変えることで、人生を変えられるということだ」

あなたの態度が成功に貢献する

人が就職や昇進の機会を得るとき、その決め手となるのは、八五パーセントがその人の態度であり、残り一五パーセントが、特定の知識や計算能力である、ということがハーバード大学の研究で明らかになった。

教育費のほぼ一〇〇パーセントを費やして知識や計算能力を身につけるというのに、それが人生の成功にはわずか一五パーセントしか寄与しないとは、実に驚くべきことである。

本書『君なら勝者になれる』は、成功の八五パーセントについての本である。

態度（attitude）は、英語において最も重要な言葉だ。プライベートにも仕事にも、人生のあらゆる場面に当てはまる。

経営者は、良い態度を持たずに、良い経営者になれるだろうか？

良い態度をとらずして、学生は良い学生になれるだろうか？

親は、教師は、店員は、雇用主あるいは従業員は、良い態度なくしてきちんと役割を果たせるだろうか？

成功の基本は、どんな分野を選んだとしても、態度なのだ。

態度が成功において重要な要素であるなら、自らの人生に対する態度を見直し、態度が自分の人生にどんな影響を及ぼすのか考えてみるべきである。

態度の重要性を知る上で、ハーフィズのダイヤモンドの話をしよう。

たくさんのダイヤモンド

アフリカに住む農家のハーフィズは、幸福で満ち足りていた。満ち足りているから、幸福だった。幸福だから、満ち足りていた。

ある日、彼のもとに賢者がやって来て、ダイヤモンドの素晴らしさとそれがもたらす力について話した。

「もし親指ほどのダイヤモンドを持っていたら、あなたの町を丸ごと買うことができる。もしも拳ほどのダイヤモンドを持っていたら、この国を丸ごと買うことだってできるかもしれない」

そう言って賢者は立ち去った。その夜、ハーフィズは眠れなかった。不幸せで、満たされない思いだった。満たされないから不幸せで、不幸せだから満たされないのだった。

翌朝、ハーフィズは自分の農場を売りに出す手続きを済ませ、家族の落ち着く先を世話すると、ダイヤモンドを探す旅に出た。

アフリカ中を探したが、何も見つけられなかった。ヨーロッパ中を探しても、何一つ見つからなかった。スペインにたどり着く頃には、精神的にも、身体的にも、経済的にも打ちのめされていた。絶望し切ったハーフィズは、バルセロナを流れる川に身を投げて、自らの命を絶った。

アフリカでは、ハーフィズの農場を買った人物が、農場を流れる小川のほとりでラクダに水を飲ませていた。すると小川の向こう岸で、朝日の光線を浴びた石が、虹のような輝きを放っているではないか。

あの石をリビングに置いたら見栄えがするだろうと、彼は考えた。そして石を持ち帰り、暖炉の上に飾った。その午後、あの賢者がやって来て、輝く石を目にした。

「ハーフィズが戻って来たのか？」と賢者は尋ねた。

「いいえ。なぜそんなことを聞くのです？」と新しい農場主が答えると、賢者は言った。「あれがダイヤモンドだからだ。私には見ればわかるんだ」

「そんな、小川から拾ってきたただの石ころですよ。見に来てくだされればわかります。ほかにもたくさん落ちていたのですから」

二人はいくつかサンプルとして石を拾い、送って分析してもらった。間違いなく、石はダイヤモンドだった。

あの農場は、山のようなダイヤモンドで埋め尽くされていたのだ。


この話にはたくさんの教訓が詰まっている。

1．態度が正しければ、自分が山のようなダイヤモンドの上を歩いていることに気づく。チャンスは常に足元に転がっている。遠くに行く必要はない。

2．チャンスに気づくための方法を知らないと、チャンスが平手打ちをくれてもなお、それに気づくことができない。

3．チャンスに気づくための方法を知らない人は、チャンスがドアをノックしても、うるさいと文句を言う。

4．失ったチャンスには、やって来るときよりも去っていくときに気づきやすい。

5．一回のチャンスのノックは一度きりである。次のチャンスはそれよりいいものだったり、悪いものだったりはするが、同じものは二度とない。だからこそ、正しいときに正しい決断を下すことがとても重要だ。

6．隣の芝生は青く見える。隣の青い芝生には二つのケースがある。一つは隣のほうが芝生をよく手入れしていて、実際に青い場合。二つ目は（こちらのケースがほとんどだ）、幻想にすぎない場合。人生では、幻想を追いかけていたら足元にあるチャンスを逃してしまったということはよくある。

7．私たちが隣の芝生に目をやっている間、別の隣人が私たちの芝生を見ている。彼らは、喜んで私たちと土地を交換するだろう。

トータル・クオリティ・ピープルになれ！

私はこれまで、カスタマーサービスや販売技術、戦略的な計画立案など、様々な研修プログラムに参加してきた。**そこから出した一つの結論は、「研修の多くは素晴らしいプログラムだが、一つ大きな問題がある」**ということ。

そして、正しい基盤をおろそかにしては、研修のどれ一つとして効果はない、ということだ。

正しい基盤、それはTQPである。TQPとは、トータル・クオリティ・ピープル（Total Quality People）の略で、人柄が良く、誠実で、良い価値観とポジティブな態度を持つ人々を指す。

誤解しないでいただきたい。研修はもちろん必要なものだが、正しい基盤――TQPがあってこそ、その効果が期待できるのだ。

たとえば、参加者に「お願いします」「ありがとうございます」と言い、にっこり笑って握手をすることを教える研修プログラムがあったとしよう。奉仕したいという自発的な気持ちがなければ、人はどれだけの間微笑んでいることができるだろう？

偽りの笑顔は往々にして見抜かれてしまう。心からの笑顔でなければ、人の神経を逆なでするだけだ。

重要なのは、**形式ではなく「本質」が不可欠である**ということ。本質のない形式では効果がないのだ。

有名なフランスの哲学者、ブレーズ・パスカルに会い、ある人がこう言った。

「私にあなたほどの頭脳があれば、もっと良い人間になれるのに」

するとパスカルはこう答えた。

「もっと良い人間におなりなさい、そうすれば私の頭脳が手に入りますよ」

良い組織かどうかは、賃金や労働条件ではなく、感情や態度、人間関係によって判断できる。従業員が「私にはできません」と言うとき、彼が本当に言いたいのは、

「やり方がわかりません」か、「やりたくありません」のうちのどちらかである。「やり方がわかりません」という意味で言っているのなら、それは技術的な訓練の問題である。「やりたくありません」という意味で言っている場合、彼の真意はさらに二通りに分かれる。

1. あまりやりたくない。

2. やりたくないという、強い気持ちがある。

前者は、態度の問題だ（やっても構わないと思っている）。後者は、価値観の問題だ（やるべきだと思わない）。

世界中で起きている問題の大半は、この二つのカテゴリーに落とし込むことができる。態度は成功の基盤である。大きな成功ほど、強い基盤が必要なのだ。

カナダのカルガリータワーは、高さが一九〇・八メートルある。塔の総重量は一〇八八四トンあり、そのうち地下に埋まっている部分の重さは六三四九トン（全体のおよそ六〇パーセント）だ。大きな建物は強い土台の上に立っている。

成功も同じだ。そして成功の土台とは、態度である。

組織にとっての態度の重要性

態度の重要性は、個人的なものだけではない。会社、組織、何らかのコミュニティにおいても同じことである。

君は、ある特定の人物や組織、国家が他よりも成功しているのを見て、「どうして成功しているのか?」「何が違うのか?」と、不思議に思ったことはないだろうか?

そこに秘密などない。彼らはただ、より効果的に考え、行動しているだけだ。

彼らにとって最も価値のある資産――人に投資することによって。

私は世界中の大きな組織の幹部と話をしてきた。その際、彼らにこんな質問をする。

「もしも魔法の杖があって、あなたの生産性を上げるために何か一つだけ変えられるとしたら、何を変えますか?」

答えはみな同じだった。**私の下で働く人の態度を変えたい**、と言ったのである。

より良い態度になれば、チームの一員としてより好ましい人物となり、無駄がなくなり、その結果、質も利益も上昇する。そして会社はより働きやすい場所となる。

これまでの経験から、最も価値のある財産とは、人材であることがわかっている。人は資本や設備よりも価値があるのだ。

しかし残念ながら、**人材は最も無駄遣いされている資源**でもある。人材は、あなたの最大の資産にも、最大の負債にもなり得るのだ。

組織であろうと、個人であろうと、そこにいる人の態度が最も重要なのである。

態度はどこから生まれたのか？

もう少し態度について詳しく話していこう。

私たちは完全な一人の人間である。職場だろうが自宅だろうが、その振る舞い方は変わらない。

家で誠実な人は職場でも誠実だし、家で不誠実な人は職場でも不誠実だ。

私たちは家庭内の問題を職場に持ち込み、仕事上の問題を家庭に持ち込む。家庭内に問題があり、それを職場に持ち込んだら何が起きるだろう？　ストレスレベルが上がり、生産性が落ちるだろう。

同様に、仕事上の問題は、家庭だけでなく生活のあらゆる面に影響する。個人、仕事、社交上の問題は互いに連動し、強く影響しあっているのだ。

さて、ここで質問をさせてほしい。

態度とは、生まれつきのものだろうか？　あるいは、成長する間に獲得していくものだろうか？　私たちの態度を形成する要因とは何だろう？　そして、態度を変えることはできるのだろうか？

私たちの態度のほとんどは、発育期に形作られる。生まれつきの気質もあるが、態度の形成には、三つの要因が大きく関わっている。それが、**態度の三つのE**である。

態度の三つのEとは何か？

態度の形成に影響を与える「態度の三つのE」とは、次のものを指す。

1．環境（Environment）
2．経験（Experience）
3．教育（Education）

それでは、この三つの要因を一つずつ見ていくことにしよう。

〉〉環境

まず、態度の形成に影響を与えた「環境」には、次のようなものがある。

・家庭環境
・学校の環境
・職場環境
・社会環境（メディア、テレビ、新聞、雑誌、ラジオ、映画なども含む）
・経済的な環境

・宗教的な環境
・政治的な環境

態度形成は、まず環境によって影響を受ける。そしてそれは、ポジティブなものとネガティブなものに分けられる。ポジティブであっても、ネガティブであっても、特に強い影響を受けるのは家庭環境によるものだ。もちろん親から与えられるものだけでなく、家族のあらゆるメンバーからも受け継いでいる。

また、学校の環境、つまり仲間からの圧力にも影響される。働いている人であれば、職場環境が助け合える環境か、批判的すぎる環境かで変わる。

メディア、テレビ、新聞、雑誌、ラジオ、映画など社会的な環境はどうだろうか。何が社会的に受け入れられ、何が受け入れられないか、それが私たちの態度に影響する。

経済的な環境は大きい影響を受ける。絶望的な貧困を経験しているときに、空っぽの胃袋で価値観を教えることなどできるだろうか。

そのほかにも、宗教的な環境や政治的な環境もあるだろう。

これらの環境がすべて合わさって、文化を作っている。どんな場所――家や組織や国家――にも文化が存在、あるいは欠如しているが、文化の欠如ですら文化である。

たとえば、あなたが訪れたお店の販売員が礼儀正しく、その上司も、マネージャーも、オーナーも礼儀正しかったとしよう。また別のお店に行ってみると、販売員も無礼で、その上司も、マネージャーも、オーナーも無礼だった。そこでは文化が育まれているのだ。

同じように、ある家を訪問したところ、子供たちも、その親も、家政婦も礼儀正しかった。別の家に行ってみると、子供たちが犬猫のようにけんかをし、親も、家政婦も無礼だった。ここでもまた文化が育っているのだ。

◆ポジティブな環境とネガティブな環境で、人生はどう変わるか？

どこであっても、文化とは上の人間から下の人間へと伝わるものであり、下から上へと伝わることは絶対にない。

政治的に不安定な国では、人々は物事を長期的に考えるのをやめ、短期的に考えるようになる。他人から金品を巻き上げ、その日のポケットを満たすことが人々の目的になる。今日のポケットがいっぱいなら、明日の不確かさと向かい合うための準備がより整うからである。

行政や政治的環境が誠実な国では、概して国民も誠実で、法律を守り、親切である。逆もまた然りだ。腐敗した環境のもとでは誠実な人間が不遇なときを過ごし、誠実な環境のもとでは堕落した人間がきつい思いをする。

ポジティブな環境下では、最も能力の低い人も成果が上がる。ネガティブな環境下では、高い能力を持つ人でも成果が落ちる

自分を取り巻いている環境、自ら作り上げた環境がどういったものなのか、私たちは今一度見直してみなければならない。

ネガティブな環境下では、ポジティブな行動は期待できない。法律を無視することが法になっているような社会では、正直な市民も詐欺師や泥棒や強盗に変わる。

あなたを取り巻く環境があなたにどんな影響を与えているか、またあなたの作り出した環境が他の人にどんな影響を与えているか、時間をかけて考えてみてほしい。

》》 経験

人生の中で起きた出来事、経験したことが、私たちの態度を決定づけている。ある人に対してポジティブな経験をしたら、その人に対する態度は前向きになるし、反対にネガティブな経験をしたら、その人に対しては慎重な態度をとってしまう。

経験や出来事を人生の基準点として、私たちは未来のためのガイドラインとなる結論を導き出す。

》》 教育

最後は教育だ。教育とは、どうやって生きる糧を得るかだけでなく、どう生きるべきかも教えてくれるものでなくてはならない。ここで言う教育とは、公的なもの、そうでないものの両方を指している。

私たちは情報の海で溺死寸前でありながら、同時に知識と知恵に飢えてもいる。効果的に応用すれば、知識を知恵に変換し、知恵を成功に変えることができる。よって教育者の役目は極めて重要だといえる。教師の与える影響は永遠であり、波及効果は計り知れない。

ポジティブな態度のメリット

ここまで見てきた通り、態度の三つのE（環境、経験、教育）により形成された態度は、ポジティブかネガティブに二分される。それぞれの態度について見ていくとしよう。

ポジティブな態度でいることには、たくさんのメリットがある。その利点は誰の目にも明らかだ。しかし残念なことに、誰の目にも明らかなことほど、見落としがちでもある。

ポジティブな態度は、

- **性格を明るくする。**
- **エネルギーが湧いてきて、活動的になる。**
- **満ち足りた気分を与えてくれ、人生を意義のあるものにする。**
- **自分や他人を奮い立たせる。**

・社会に対して献身的になり、価値のある人間になるのを助ける。
・生産性や利益を上げる。
・チームワークや人間関係を育てる。
・問題を解決し、前向きな決断をする。
・仕事ぶりに誇りをもたらし、仕事の質を上げる。
・居心地のいい雰囲気を作る。
・献身や信頼を生む。
・ストレスを減らし、幸福度を上げる。
・人生を幸福で健康的な満たされたものにしてくれる。

という素晴らしい結果を生み出す。

では一方で、ネガティブな態度でいるとどうなるだろう？

ネガティブな態度でいると、私たち自身が一番大きな障害になる。ネガティブな態度の人は、友情や仕事や結婚や人間関係を維持するのにとても苦労する。

ネガティブな態度が私たちにもたらすのは、次のようなものだ。

・辛さ
・満たされない思い
・目的のない人生
・自分や他人に感じる大きなストレス
・怒り
・不満
・不健康

ネガティブな態度は、家庭や職場や社会の環境を好ましくないものにする。ネガティブさを周りの人にも伝染させるからだ。ネガティブな態度の人間は、社会にとってマイナスなのである。

そして、態度は次の世代にも伝わる。ある家族や社会が他よりもポジティブということはよくある。

現代の囚人も変化を拒む

人は変化を嫌う生き物だ。変化は心地いいものではない。それがポジティブなものでもネガティブなものでも、変化にはストレスが伴う。

ネガティブでいることにあまりに馴染んでしまうと、より良い変化であっても、受け入れたくないときがある。**「ネガティブでい続けることの快適さ」を選んでしまう**のだ。

チャールズ・ディケンズは、地下牢に何年も閉じ込められていた囚人について書いた。刑期を終え、囚人は自由の身となり、牢屋から広い世界の明るい日のもとへと連れ出される。あたりを見回したこの男は、すぐに新しく獲得した自由に居心地の悪さを覚え、「牢屋での監禁状態に戻してほしい」と懇願する。

男にとっては、自由で広い世界への変化を受け入れることよりも、地下牢や鎖や暗闇のほうが、馴染みがあり、安心できて、居心地が良いものだったのである。

同じことは現代の囚人たちにも起きている。慣れない世界で生きることのストレスがあまりにも大きく、刑務所に戻るために意図的にまた罪を犯すのだ。そこが、自由は制限され、選択肢がより少ない場所であっても。

もしあなたの態度がネガティブであるなら、あなたの人生は制限されている。仕事で収める成功も限られたものになり、友人も少なくなり、人生を思い切り楽しむことはできないだろう。

次の章では、ポジティブな態度を構築するにはどうしたらいいかをお伝えする。

ポジティブな態度を構築するには、かなり労力がいるし約束事もあるが、あなたの人生のあらゆる面で、得るものがたくさんあるはずだ。

夢はどこにでもある。大切なのは、実現することだ。

セオドア・ルーズベルト（アメリカ第二六代大統領）

WORK

行動計画

1. これまで見過ごしていたが、今はチャンスだと思うことを三つ書き出してみよう。

①

②

③

2. 今まで気づかなかったチャンスがある分野を三つ書き出そう。

①

②

③

3. 今いる環境が、自分の態度にどんな影響を与えているか考えてみよう。

4. あなたが作る環境が、他人にどんな影響を与えているか考えてみよう。

5．ポジティブな環境を作るために、あなたが変えられる行動を三つ書き出そう。

①＿＿＿＿　②＿＿＿＿　③＿＿＿＿

6．次の三つの分野について、ポジティブな態度を持つことで得られる利点を三つずつ書き出してみよう。

A．家庭：①＿＿＿＿　②＿＿＿＿　③＿＿＿＿

B．仕事：①＿＿＿＿　②＿＿＿＿　③＿＿＿＿

C．社会：①＿＿＿＿　②＿＿＿＿　③＿＿＿＿

第2章

ゴールを達成する人の態度

Chapter II:
Goal achievers' attitude

ネガティブな態度を身につけてしまった人は、どうすればいい？

勝者はあらゆる問題に解決策を持っている。
敗者はあらゆる解決策に問題を持っている。
私たちが直面するどんな事実よりも重要なのは、事実に対する私たちの態度であり、それが成功か失敗を決める。

ノーマン・ヴィンセント・ピール（アメリカの聖職者、作家）

私たちは子供の頃に、一生の態度を形成する。

発育期に獲得したポジティブな態度は、あらゆる面で人生を意義あるもの、価値のあるものにしてくれる。幼少期の体験がポジティブな態度を生んだのなら、あなたは実にラッキーで、他の人よりも一歩先んじている。

しかし、意図的にであれ、生まれつきであれ、ネガティブな態度を身につけてしまったとしたら、どうすればいいのだろう？　そこから逃れることはできない？

無論そんなことはない。態度は変えられる。

ただし、注意が必要だ。あなたがポジティブな態度を持っていたとしても万全ではない。いつも前向きにいられるという保証はないからだ。いつネガティブな態度をしめすようになるかわからない。つまり、ポジティブな態度を維持する努力をしなければいけない、ということだ。

◆態度の責任は誰にあるか？

環境や教育や経験にかかわらず、私たちが自分の態度の責任を問うべきなのは、誰に対してか？

それは、自分自身である。私たちは自分の振る舞いや行動に責任を持たなくてはならない。中には、自分以外のあらゆる人やあらゆることを責める人もいる。

毎朝私たちの態度を選んでいるのは、私たち自身なのだ。

勝者の態度を作る八つのステップ

自作の成功譚《たん》については何度も聞いたことがあるだろうが、自作の失敗談というものを聞いたことはあるだろうか？

おそらくないはずだ。ネガティブな態度であるために失敗する人たちは、自分の失敗を、両親や教師、配偶者、上司、運勢や運命、ツキのあるなし、経済や政府など、世界のあらゆるもののせいにする。絶対に自分の責任を受け入れようとしない。

過去のことは忘れるべきだ。身についたほこりを払い、本来の場所へと戻ろう。夢を一つにまとめ、前に進まなくてはならない。偽りのない、誠実で正しい、ポジティブな物事を考えていれば、心をポジティブな状態にすることができるのだから。

ポジティブな態度を構築したいなら、次の八つのステップを意識的に行ってほしい。

ステップ1．見方を変え、ポジティブさに目を向ける

まずやるべきことは、常に良いところを探す、ということである。自分の生活のポジティブな面に目を向けることが必要だ。人や状況の間違ったところではなく、正しいところを探すことから始めるといい。

ほとんどの人は、欠点や間違ったところを探すよう条件づけられているために、それに慣れすぎて、ポジティブな面に目を向けることを忘れている。

次の話を読んでみてほしい。あなたはどう感じるだろうか。

アンドリュー・カーネギーは、若いときにスコットランドからアメリカへやって来た。はじめは立派とはいえない仕事をしていたが、ついにはアメリカで最も大きな製鉄会社を作り上げた。

いっときには、彼の会社には四三人のミリオネアがいたこともあった。一〇〇万ドルといえば今日でも大金だが、一九二〇年代当時にはもっと大金だった。

あるとき、他人との付き合い方を尋ねられたカーネギーは、次のように答えた。
「人と向き合うことは、金を探して地面を掘ることに似ています。ひとかけらの金を探して穴を掘るには、金にたどり着くまでには何トンもの土をどかさなければなりません。けれど掘っている最中に探しているものは、土ではなく、金ですよね」

アンドリュー・カーネギーの答えにはとても大切なメッセージが込められている。
一見そうは見えなくても、どんな人にも、どんな状況にもポジティブな面はある。ポジティブな面を探して、深く掘ることが大切なのだ。アンドリュー・カーネギーのメッセージは実に明快だ。

「**金鉱掘りであれ。焦点を変えよ。ポジティブな面を探せ**」

あなたの焦点はどこに合っているだろう?
探すべきは金だ。他人や物事のあら探しをすれば、たくさんの欠点が見つかるだろう。では、あなたが探しているのは何だろう? 金だろうか、土だろうか?

◆ネガティブハンターに気をつけろ！

たとえ楽園にいたとしても、あら探しをする人は必ず欠点を見つけ出す。ほとんどの人は、自分が探しているものを見つけるものだから。

いつもネガティブな面を探す人たち

素晴らしい鳥猟犬を買ったハンターがいた。この犬はとてもユニークで、水の上を歩くことができるのだ。彼は、新しく手に入れた犬を仲間に披露する機会を心待ちにしていた。彼はある友人を誘ってカモ猟に出かけた。しばらくして二人は数羽のカモを撃ち落とし、飼い主は犬にカモを取ってくるように命じた。

一日中、犬は水の上を走り回って鳥を回収した。飼い主は友人が犬について何かコメントなりほめ言葉なりを言ってくれるのではないかと期待していたが、ついに一言もなかった。家に帰る途中、飼い主は友人に、犬について何か普通でないところに気が付かないかと尋ねた。すると友人は答えた。

「ああ、もちろん気がついていたとも。君の犬は泳げないんだな」


この話のメッセージとは何だろうか。誰が見ても明らかなことでも、ポジティブな面を見ることができない人もいるということだ。

ネガティブな面ばかり見ているそんな悲観主義者とは、次のような人間である。

- **不平や不満を漏らし、常に文句ばかり言っている。**
- **言い立てるべきトラブルがないと落ち着かない。**
- **いい気分になると、その気持ちが損なわれることを恐れて不安になる。**
- **明日は病気になるかもしれないと考えて、今日の健康を楽しめない。**
- **最悪の状況を予想するだけでなく、起こりうる限りで最悪の結果を招く。**
- **恵まれている点を忘れ、問題点ばかり数えている。**
- **一生懸命努力することを、「いちかばちかの賭け」と信じている。**

ポジティブな面を見るということは、欠点を見過ごすという意味ではない。ポジティブに考える人とは、すべての意見に賛成し、あらゆることを受け入れる人ではない。問題解決に目を向け、解決できると信じられる人になることだ。

ステップ2．今すぐやる習慣をつける

人生の不幸な点について、オリバー・ウェンデル・ホームズは次のように言った。

「**多くの人は、身の内に音楽を秘めたまま墓に入る**」

理想像がないために、私たちは自分の優れた点を発揮できていないのだ。

誰にでも、日々の生活の中でぐずぐずしてしまった経験はあるだろう。私にもあるが、悔やむのはいつも後になってからだ。

何かを先延ばしにする癖は、ネガティブな態度につながる。その逆も然りだ。この二つは相互に影響しあっている。先延ばしの習慣は、あるタスクを行うために必要な労力以上に、あなたを疲れさせてしまう。

達成されたタスクは満足感と活力を与えてくれる。未達成のタスクはエネルギーを消耗させる。

ポジティブな態度を構築し、維持したいなら、今この瞬間を生き、すぐに行動する習慣をつけるべきなのだ。

◆やらない言い訳はやめなさい

大きくなったらこれをやろう、そうすれば幸せになれる、と口にする小さな男の子のたとえ話をしよう。

大きくなったとき、彼は「大学を卒業したら幸せになれるだろう」と言う。

大学を卒業すると、「最初の仕事に就くことができれば幸せになれるだろう」と言う。

最初の仕事に就くと、「結婚したら幸せになれるはずだ」と言う。

結婚すると、「子供が学校へ行くようになったら幸せになれるだろう」と言う。

子供が学校へ通うようになると、「引退したら幸せになれるだろう」と言う。

引退して、彼が目にするものとは何だろう？

目の前にあるのは、ただ過ぎ去っていった人生だけだ。ときすでに遅し。


先延ばしにすることを、「分析している」という聞こえのいい言葉でごまかしながら、一カ月先も、半年先もまだ分析を続けている人がいる。こういう人たちは、「分析による麻痺」と呼ばれる病気にかかっているのであり、絶対に成功できない。

また、「準備をしている」と口にしながら、一カ月後も半年後もまだ準備しているタイプの人もいる。こういう人は準備のための準備をしているのであり、彼らの準備が整うことは永久にない。

「もっと上達したら取りかかるつもり」と彼らは言う。**取りかからなければ上達しないということをわかっていないのだ。こういうタイプの人たちは、やらない言い訳を探し続ける。**

◆人生にリハーサルはない

人生にリハーサルはない。あなたがどんな哲学を信じていても、人生というゲームは一発勝負だ。人生を無駄にするには、このゲームの掛け金はあまりに高い。選手を交代できるサッカーの試合とは違って、人生という試合では、自分がプレイするしかない。

人生の面白いところは、教科書よりもまず先にテストがやってくることで、不正解には経験という名前がついている。人生は一方通行だ。巻き戻しボタンはない。

今はいつで、私たちはどこにいるだろう？　答えは、今、ここだ。今ベストを尽くし、現在を最大限活用しよう。

私が言いたいのは、未来のために計画を立てなくてもいいということではない。未来のために計画を立てることは絶対に必要だ。現在を最大限に活用すること、それがより良い未来への種をまくことになる。

勝者の態度を構築したいなら、「今やる」というフレーズを頭に入れ、先延ばしにする癖をやめることだ。

人生で一番悲しい言葉とは、次のようなものだ。

- **「こうだったかもしれないのに」**
- **「可能性はあった」**
- **「もう少しだけ頑張っていれば」**
- **「ああしておくべきだった」**
- **「こうだったらいいのに」**

どんな勝者も、ぐずぐずしたいときはあったはずだが、彼らはそうしなかった。

「いつかやろう」と口にしているうちは、そのいつかはやってこない。

ぐずぐずするのはやめよう。そろそろ、先延ばしを先延ばししてもいい頃だ。

今日できることを、明日に延ばしてはいけない。

ベンジャミン・フランクリン（アメリカの政治家、学者）

ステップ3．幸運を数えて感謝する

次にやるべきことは、感謝を態度に表すことだ。

感謝は謙遜を表す。感謝があれば、人は地に足をつけていられる。「人が自分のためにしてくれたことを決して忘れず、自分が他の人のためにしたことは忘れる」これは従って生きるにふさわしい哲学である。

抱えている問題ではなく、恵まれていることを数えよう。

バラの匂いをかぐような余裕を持つといい。

事故によって麻痺が残ったが、保険会社から一〇〇万ドルを受け取ったという話はよく耳にする。しかし、事故に遭った人をうらやましいと思う人はどれくらいいるだろう？

それほど多くはないはずだ。私たちは自分が持っていないものに注目するあまり、持っているものが見えなくなっている。感謝すべきことはたくさんあるのだ。

恵まれていることを数えるとは、自己満足に浸るという意味ではない。

恵まれている点の多くは、隠された財宝である。問題ではなく、恵まれている点を数えよう。

ステップ4．教育プログラムに参加する

情報を教える教育は、頭脳に影響を与え、価値観に基づいた教育は心に影響を与える。心を鍛えない教育は、脅威にすらなり得る。

オフィスや家庭や社会でうまくやっていける人間になるには、最低限のモラルや倫理観を持っていなければならない。正直さや思いやり、勇気、忍耐、責任感といった人格を育む教育が絶対に必要なのだ。

学術的な教育なら、私たちはもう十分に受けている。必要なのは、価値観に基づいた教育だ。高度な教育を受けたモラルのない人物よりも、道徳的教育を受けた人物のほうが、よほど人生や成功に対して準備が整っていると言えるだろう。

私は、町で一番の腕を持っているが、人格的に問題のある外科医よりも、町で二番目に優れた人格の良い外科医を選びたい。同じことはどんな職業においても言える。

真の教育とは、頭脳と心の両方を鍛えてくれる。

間違った教えを受けるくらいなら、何も教わらないほうがいい。教育を受けていない泥棒は電車でのスリで終わるが、教育を受けた泥棒は電車をまるごと盗む。

私たちは成績ではなく、知識と知恵を競うべきなのだ。知識とは事実の積み重ねであり、知恵とは事実の簡潔化である。

大学生は、高度な技術を持った原始人となりつつある。それは価値観の基礎となるものを若い人に教えていないからだ。若い人々は、ますますそうした価値観を求めるようになっているというのに。

スティーヴン・ミュラー(ジョンズ・ホプキンス大学総長)

◆知識は力ではない

よく、知識は力であると言われるが、それは真実ではない。知識とは情報だ。知識とは潜在的な力であり、知識が力になるのは、それが行動に結びついたときだけだ。

字が読めない人と、読めるけれど読まない人との違いは何だろう？　ベンジャミン・フランクリンが言ったように、「ほとんど違いはない」のだ。

知識は潜在的な力、知恵は本当の力である。

教育には、成績や学位だけにとどまらない、いろいろな形がある。

- **体力の増強**
- **自制心の習得**
- **話を聞く力**
- **学習への意欲**
- **成功へつながる人格の形成**

私たちの頭脳は、筋肉のように伸ばしたり縮めたりできるものだ。すべてはどれだけ鍛えたか、あるいは鍛えなかったかにかかっている。

教育が贅沢だと思うなら、無知になってみるといい。

デレック・ボック（元ハーバード大学学長）

◆知識だけでは正しい判断はできない

道路脇の屋台でホットドッグを売っていた男の話を紹介しよう。

彼は読み書きができなかったため、新聞を読んだことがなかった。難聴のため、ラジオも聴かなかった。目も悪いため、テレビも見なかった。

しかし彼は心を込めてたくさんのホットドッグを売った。売り上げは伸び、利益も上がった。彼は肉の仕入れを増やし、前よりも大きくて性能のいいオーブンを買った。商売が大きくなりつつあったとき、大学を卒業したばかりの息子が、父の仕事を手伝うようになった。

すると不可解なことが起きた。息子は父に尋ねた。

「父さん、知ってるかい？　いまに大変な不景気がやってくるよ」

「いいや知らなかった、どういうことだ？　教えてくれないか」

「国際情勢が良くないんだ。国内の状況はもっとかんばしくない。もうすぐやってくる辛い時代に備えるべきだよ」

息子は大学へ行ったのだし、新聞を読むし、ラジオも聞いていて、物事をよく知っているはずだから、彼のアドバイスを軽んじるべきではないと父は考えた。

翌日から、父は肉とバンズの発注を減らし、看板も下げてしまい、以前ほど熱心にはホットドッグを売らなくなった。彼の屋台からはすぐに客足が遠のき、売り上げはみるみるうちに下がっていった。父は息子に言った。

「息子よ、お前の言う通りだった。今は不景気の真っ最中だ。前もって教えてもらえて助かったよ」


私たちは、**知性的であることと、慎重であることの違い**を、この話から考えてみなくてはならない。

知性的とは、のみこみが早いことである。高い知性を備えていても、間違った決断を下してしまう人はいる。楽天主義と悲観主義は、ポジティブ、ネガティブの違いはあれど、どちらも未来の予想である。

ポジティブ、あるいはネガティブな予想が、知らず知らずのうちに自己成就的予言（意識的または無意識的に、与えられた予言に沿うような行動をとった結果、予言が実現すること）に変わってしまうことはよくある。

アドバイザーは慎重に選び、決断は自分で下すべきだ。

悲劇的なのは、歩く百科事典の多くが、生ける落伍者だということである。

成功できる、あるいはその可能性がある人は、正式な教育を受けていてもいなくても、次の六つのCを持っている。

1. **人格**（Character）
2. **信念**（Conviction）
3. **勇気**（Courage）
4. **献身**（Commitment）
5. **礼儀正しさ**（Courtesy）

6. 力量（Competence）

スキルと力量の違いは何だろう？　スキルとは能力のことである。力量とは学んだことを活かしたいという意思や願望を伴った能力のことである。

意思や願望が態度に表れれば、「スキルのある人間」から「力量ある人間」に変わる。スキルのある人間でも、まったく役に立たない人はたくさんいるのだ。

そうした人たちには願望がなく、知識を現実に応用できていないのだ。つまり、能力があったとしても、正しい態度がなければ、それは無駄になってしまうのだ。

大学が教えるべきは、商売ではなく知恵であり、専門知識ではなく人格である。

ウィンストン・チャーチル（イギリスの政治家、作家）

◆頭に「良質な食べ物」を与えよう

身体に毎日良質な食べ物が必要であるように、頭にも必要だ。

キーワードは、良質な食べ物、「ポジティブな思考」である。

ジャンクフードばかり身体に入れて、ネガティブな考えばかりで頭を満たしたら、不健康な身体と不健康な思考になってしまう。同じように、前向きに考えることができる人は、日常的に純粋で力強いポジティブな考えを取り入れているので、いつでもポジティブな態度でいることができる。

順調に進み続けるには、頭には純粋でポジティブな思考が必要なのだ。

前向きに考えることができれば、分別を失うこともないし、目隠しをしたまま人生を進むようなことをしなくても済む。

勝者とは、自分の限界を知っているが、自分の強みに目を向ける人のことである。

一方、**敗者とは、自分の強みに気づいているのに弱点ばかり見てしまう人**だ。

もしも毎日の通勤に二時間かかっているとして、その時間を本を読んだりポジティブなメッセージを聞いたりすることに充てたなら、一年間で五〇〇時間近くを、自分が極めたいと思っている分野の勉強に使えたことになる。

五〇〇時間といえば、学校を卒業するまでに受ける授業時間に等しい。

ステップ5．高い自尊心を持つ

自尊心とは何かご存知だろうか？

自分のことをどう考えているか、それが自尊心だ。

気分が良いときには、世界は素晴らしいものに見え、生産性が上がり、人間関係も良くなる。これは逆のことも言える。どうしてなのだろうか。それは、感情と行動の間には直接的な相互関係があるからである。


では、高い自尊心を持つにはどうしたら良いだろう？

手っ取り早く自尊心を持ちたいなら、お金や物による見返りが期待できない人のために何かしてみるのが良い。

ステップ6．ネガティブと距離を置く

ネガティブな影響とは何だろうか？

ネガティブな影響とは、ネガティブな人やドラッグ、酒、ポルノ、冒涜などのことだ。あらゆるネガティブな影響は、人を堕落させる。新しいステップに進むために使われるはずだったエネルギーが、そうしたものに使い果たされてしまうからだ。

何かを達成した人たちと付き合っていれば、あなたもいつかそうなれる。

思慮深い人たちと仲良くしていれば、あなたもそうなる。

何かを与えることのできる人と付き合っていれば、あなたもその一員になれる。

ネガティブな人々とつるんでいれば、あなたもいつかそうなってしまう。

誰かが大きな成功を収めると、言いがかりや悪口、噂話をして、引きずりおろそうとするつまらない人間が必ず現れる。そういう相手にはどう対応すべきか。答えはシンプルだ。

つまらない人たちと争わない。そうすれば、あなたの勝ちだ。

ネガティブな人々に引きずりおろされてはいけない。

もしもあなたが、ポジティブな態度を構築したいなら、モラルの高い人たちと付き合い、前向きな思考に導いてくれる本を読むべきだ。

今から五年後のあなたがどこにいるかは、付き合っている人たちや読んだ本にかかっている。今のあなたがいる場所も、同様の結果なのだ。

ステップ7．「やらなくてはならないこと」を好きになる

アスリートは常に嬉々として練習に向かうだろうか。おそらくそんなことはない。それでも練習はする。好む、好まざるにかかわらず、やらなくてはならないことはある。

たとえば、子供たちの世話をする母親がそうだ。いつも楽しいとは限らないし、ときには辛いと感じることさえあるだろうが、タスクを好きになる方法を知れば、不可

能なことも可能になるのだ。

まずはやらなければいけないことをやり、次にできることをやる。するといつの間にか不可能なこともできるようになる。

アッシジの聖フランシスコ（中世イタリアの聖人、カトリック修道士）

ステップ8．ポジティブなことで一日を始める

朝、何かしらポジティブなものを読んだり聞いたりするといい。

ぐっすり眠った後はリラックスしているし、潜在意識が、入ってくるものを受け入れやすい状態だからだ。そうすることでその日の気分が整い、心が好ましい状態になり、一日がポジティブなものになる。

変化を起こすには、意識的に努力し、日々前向きな思考と行動を心がけなくてはならない。前向きな思考と行動が習慣になるまで、毎日実践することが大切だ。

ハーバード大学のウィリアム・ジェームズは言った。

「**人生を変えるつもりなら、今すぐ取りかかろう**」

以上紹介した八つのステップに従えば、あなたは勝者となる。

WORK

行動計画

では、八つのアクションステップをもう一度振り返ってみよう。

1. 見方を変え、ポジティブさに目を向ける
2. 今すぐやる習慣をつける

3. 幸運を数え感謝する
4. 教育プログラムに参加する
5. 高い自尊心を持つ
6. ネガティブと距離を置く
7. 「やらなければならないこと」を好きになる
8. ポジティブなことで一日を始める

1. 八つのステップに基づき、すぐに実行に移すと誓ったことを書き出そう。
・家庭で：
・仕事で：
・社会で：

2. 持続的な教育プログラムを実行するためにやるべきことを三つ、書き出してみよう。例：ポジティブなメッセージやプログラムを聴いたり見たりする、本を読むなど。

①
②
③

3. 三つの分野で「今すぐ」実行したいことを書く。

①
②
③

4. お金に代えられない、恵まれた点を三つ書いてみる。

①
②
③

5. 自尊心を持つためにやるべきことを三つ書く。

①

②

③

6. あなたが近づきたくないと考える、ネガティブな影響を三つ書く。

①

②

③

7. やりたくなくてもやらなければならないことを三つ書く。

①

②

③

8. ポジティブなことで一日をスタートさせるために何をするか。

①
②
③

9. 以上を実行して得られる利益とは？

①
②
③

10. タイムテーブルを作って以上のことを実践しよう。

第3章

敗者は何が間違っていたのか？

Chapter III:
What was wrong with
the attitude of losers?

成功を邪魔するブレーキ

ブレーキがかかったままの車で運転したらどうなるだろうか。

まず、ブレーキの抵抗力のために、最大速度で走ることは絶対にできない。そして、車はオーバーヒートして壊れてしまうだろう。壊れなかったとしても、エンジンには過度の負荷がかかるはずだ。

目的地にたどり着くためには、二つの選択肢のうちどちらかを選ばなくてはならない。故障のリスクを負いつつアクセルを深く踏み続けるか、ブレーキを解放して、車をもっと速く走らせるか。

この例え話は、人生にとてもよく似ている。

多くの人は感情のブレーキを踏んだまま人生を送っている。感情のブレーキとは、恐れ、先延ばしする癖、プライドの欠如など、成功の実現を妨げる要因のことだ。これをやっているなら、決して勝者になることはできない。

このブレーキを解放するには、ポジティブな態度を構築し、自分の価値に気づき、責任を受け入れることが必要だ。
私たちが失敗してしまうのには、いくつかの原因がある。これらの原因を克服すべく努力を重ねていれば、成功の邪魔をするブレーキを解放することができる。それらを一つずつ見ていこう。

人生とは、一〇段変速機のついた自転車のようなものである。ほとんどの人が、一度も使ったことのないギアを持っている。

チャールズ・シュルツ（アメリカの漫画家）

敗者はリスクを冒そうとしない

成功するには、リスクを冒すことも承知でなくてはならない。リスクを冒すとは、愚かな賭けをすることや、無責任な行動をとることではない。無責任であることや、向こう見ずであることを、リスクを負うことと取り違えている人もいる。そして結局良くない結果に終わると、それを運がないせいにする。

リスクとは、相対的なものだ。何がリスクかは人それぞれであり、日頃の訓練の結果に依存する。登山は、熟練した登山家と初心者のどちらにとってもリスクがある行為だが、熟練した登山家にとって、それは無責任に負うリスクではない。責任を持ってリスクを負えるのは、知識や訓練、能力が基盤にあるからで、恐怖を目の前にしたときでも行動できるだけの自信と勇気が持てるのも、そのためだ。

どんなリスクも冒したことのない人は、間違えることもない。しかし挑戦しないことは、挑戦して失敗することよりずっと大きな過ちである。

リスクを負うことは、人生の一部だ。多くの場合、最も大きなリスクとは、リスクをまったく冒さないことだ。リスクを冒さない人は、何もせず、何も持たず、何者にもならない。優柔不断は癖になるし、人に伝染する。また、多くのチャンスが失われる。

ただし、リスクは負うべきだが、無茶な賭けをしてはいけない。

リスクを負う人は目を開けて進むが、ギャンブラーは目を閉じて暗闇の中を進む。

次に紹介する詩は、このことをうまく説明している。

リスク

笑うことには、馬鹿だと思われるリスクがある。
泣くことには、感情的だと思われるリスクがある。
誰かに手を差し伸べたら、巻き込まれるリスクがある。
感情を表に出せば、本当のあなたの姿が周りにわかってしまうリスクがある。
みんなの前でアイデアや夢を打ち明けたら、それらを失ってしまうリスクがある。
愛することには、相手から愛されないというリスクがある。
生きることには、死ぬというリスクがある。
希望には、絶望というリスクがある。

挑戦には、失敗というリスクがある。しかしリスクを冒さなくてはだめだ。人生で最も危険なことは、リスクを一切冒さないことなのだから。リスクを冒さない人は、何もできず、何も持たず、何者にもならない。

ジャネット・ランド

敗者はすぐに諦める

どうしても問題を克服できないときには、やめてしまうことが最も簡単な方法に思える。これは、どんな結婚でも仕事でも人間関係でも言えることだ。勝者は叩かれても打ちのめされることはない。どんな人の人生にも挫折はある。しかし失敗したからといって、落伍者《らくごしゃ》であるということにはならない。

忍耐強いことと、頑固であることの違いは何だろう？　それは、忍耐強さとは何かを「やる」という強い意志の表明であるが、頑固さとは「やりたくない」という強い意志の表明であるところだ。

失敗する原因のほとんどは、知識や才能の不足ではなく、諦めによるものだ。成功の秘訣は、忍耐強さと抵抗力という二つの性質にある。やらなければならないことをやる忍耐強さと、やるべきでないことに抗う抵抗力である。

英雄とは、誰よりも勇敢な人ではない。他の人よりあと一〇分長く勇敢な人だ。
ラルフ・ワルド・エマーソン（アメリカの思想家、哲学者、エッセイスト）

敗者はすぐに手に入る満足を求める

一夜にして富を築きたいという願いが、宝くじビジネスを繁盛させてきた。私たちは、インスタントな満足を求める時代に生きている。起きるためのものから眠るためのものまで、あらゆる目的に合わせた錠剤がある。人は問題を取り除くために薬を飲む。同じように、すぐに大金持ちになりたいと願ってしまうと、近道をし、誠実さを妥協するようになる。

憶えておいてほしいのは、すぐに手に入る喜びを求めてしまうと、人は一瞬の喜びだけに気を取られ、結果を考えないということだ。

現代人は、五ポンドの贅肉を落としてくれるようなものが、理想的なダイエットだと無邪気に思いこんでいる。努力したがらずに結果だけを求めている人は多い。

長期的ではなく、短期的に物事を考えると、視野が狭まる。限られた視野では、価値のあるゴールを見ることなどできない。

現代人の問題点は、すぐに手に入る答えを求めてしまうことである。

あらゆることに即効性のある解決法を探している。しかし、インスタントコーヒーのように、手っ取り早く得られる幸福を求めても、すぐに効果のある方法はない。こうした態度は失望を生むだけだ。

敗者は優先順位がつけられない

優先順位をつけることは、成功のために不可欠だ。

数百万ドルを稼いでも、健康を害してしまったら？　家族を失ってしまったら？

道徳心をなくしてしまったら？

そうまでする価値があることなのか、考えてみるべきだ。

何を優先するべきかは、私たちの価値観に基づいて決められる。

正しく優先順位をつけないと、時間を無駄にしてしまい、時間の浪費は人生の浪費であるということにも気づかない。優先順位をつけるには、気分や思いつきで行動するのではなく、やるべきことから取りかかる訓練をしなくてはならない。

成功の秘密を解く鍵は、自分が何を優先したいかを知ることである。お金や力、名声、富を目的にする人もいるだろう。あなたの優先したいことは何だろうか？

敗者は近道を探している

あなたが週末の講座を受講しただけで神経外科医になれたとしたら、一体どんなことになるだろうか？　おそらく恐ろしい結果になるはずだ。

簡単な道が実は困難な道ということもある。


ヒバリが森で歌っていた。そこへ農家が、芋虫がたくさん入った箱を持って通りかかった。ヒバリは彼を呼び止めて訊いた。

「箱の中には何が入っているのですか？　どこへ行くのですか？」

農家は、箱の中には芋虫が入っていて、これから市場へ持って行って羽飾りと交換するのだと言った。

「私には羽があります。一枚引き抜いてあなたに差し上げましょう。そうすれば虫を探す手間が省けますから」

農家はヒバリに芋虫を与え、お返しにヒバリは羽を差し出した。次の日も、また次の日も、ついにヒバリの羽が一枚もなくなる日まで、同じことが起きた。今やヒバリは虫を探しに飛び立つこともできなかった。みすぼらしくなり、歌うことを止め、間もなく死んでしまった。

短期的な利益を得ても、そのうちに長期的な苦しみを味わうことになるという敗者の行動を誇張した寓話である。この話の教訓は明らかだ。ヒバリが考えた、虫を手に入れるための簡単な方法は、実は困難な方法だった。人生に近道はない。

私たちの日常生活でも同じことが言える。

簡単な道を探すとき、そのほとんどが、結局は難しい道なのだ。

大切なのは、問題の根本をとらえること、近道をしないことだ。人生における態度についても同等だ。恨みや怒りの態度をふりまく人もいるが、そのような態度でいる限り、その人の人生から恨みや怒りがなくなることはない。

敗者は利己心と欲望に溺れる

自己中心的な態度をとる個人や組織には、成長は期待できない。彼らは、自分のことがまず一番であり、他人の幸福は考えない、という態度でいる。

常により多くを求めるのが欲望だ。しかし、欲望は満たされることがない。**欲望とは海水のようなものである。飲めば飲むほど喉が渇く。**人間関係を壊す、魂の癌なのだ。

欲望が生じるのは、自尊心が低いことが原因である。

間違ったプライド、虚構、「他人に後《おく》れをとらないようにする」といった気持ちの表れが欲望なのだ。

敗者は信念がない

信念のない人は、自分の立場をはっきりさせない。自信と勇気がないので、波風を立てないように、他人に同調する。輪に受け入れられたいがために、そのグループがやっていることが悪いことだと知っていても従ってしまう。仲間外れにされないために周りに合わせてしまうのだ。

間違ったことには反対なので、やましさは感じつつも、反抗するだけの意志の強さがない人もいる。そうした人たちは黙ったまま、自分は誠実な人間だと思っている。

成功のための重要な秘訣の一つは、何かに反対するのではなく、何かに賛成することである。そうすることであなたは問題の一部ではなく、解決策の一端を担うことができる。それには立場を明確にするための信念が必要である。

敗者は計画に抵抗を持つ

多くの人が、人生の計画よりも、パーティーやバケーションの計画を立てることに多くの時間を費やしていることは、残念なことだが事実である。

経験則だが、適切に計画された一分間は、実行に移したときに四分間を節約してくれる。何かを達成する人は、成功を確実なものにするため、慎重に計画を立てる。彼らは想定外のことに対しても対応策を考えている。想定外のことを考慮に入れていなかったとしたら、それは適切に計画を立てることができていないということである。良い指揮官や経営者は、常にプランA、プランB、プランC、プランDを用意している。なぜか？　障害があっても成功させるために計画を立てているのだ。

敗者は準備をしない

自信は入念な準備から生まれるが、準備とは計画と実行に他ならない。勝者は自らにプレッシャーをかけている。それは準備することを自らに課すプレッシャーであって、勝利を心配して感じるプレッシャーではない。

練習が足りなければ、いいプレイはできない。なぜなら練習したことがそのまま本番に表れるからだ。**成功と失敗を分けるのは、まったく正しいことをやるか、概ね正しいことをやるかの違いである。**

精神と身体を完璧に整えるには、犠牲と自制心が必要だ。平均的な結果を出すのは簡単だが、一番になるのは難しい。平均的な人間が簡単な道を選び、平凡な人生を送るのはごく当たり前のことである。

どんな分野であれ、成功の縁にたどり着くには準備が不可欠である。

◆準備が自信を生む

準備とは、間違いから学ぶことである。間違いを犯すことは悪いことではない。誰もが間違える。愚かしいのは、同じミスを繰り返すことである。また、間違えたことを正さずにいると、さらに大きな間違いをしてしまう。

間違いにうまく対処するための最善の方法を紹介しよう。

- **すぐに認める。**
- **間違いから学ぶ。**
- **言い訳をしない。**
- **いつまでもくよくよしない。**
- **二度と同じ間違いをしない。**

プレッシャーは、準備不足から生じる。準備や訓練、練習に代わるものはない。願望や希望だけではどうにもならない。

準備によってのみ、勝負できる力が手に入るのだ。

準備ができていない人はプレッシャーによって動けなくなるが、準備ができている人は、プレッシャーによって新たな高みへと進むことができる。

次のことを自問してみよう。

・はっきりとした目標があるか。

・行動計画があるか。

・準備のためにどんな努力をしているか。

・自分の行動や実績にプライドを持っているか。

・成果が出るまでの期間を耐えるだけの忍耐力があるか。

・他人より秀でるために訓練したいと思うか。

・基盤となる確かな行動指針を持っているか。

・どんな対価を払うつもりでいるか。どこまで遠くを目指したいか。

・ポジティブな態度を持っているか。

敗者は負けを正当化する

勝者は分析し、理論化し、共感するが、決して正当化はしない。正当化は敗者のやることだ。敗者はいつも、なぜできないかを説明するための豊富な言い訳リストを持っている。たとえば次のようなものだ。

・運がなかったから。
・若すぎるから。
・ハンディキャップがあるから。
・教育を受けていないから。
・コネがないから。
・時間がないから。
・家族がいなければ。

- **悪い星の下に生まれたから。**
- **年を取りすぎているから。**
- **賢くないから。**
- **見た目が悪いから。**
- **お金がないから。**
- **景気がよくないから。**
- **機会さえあれば。**
- **正しい人と結婚できていれば。**

リストにはきりがない。人が成功するかどうかを決定する要素は二つある。それは、理由と結果だ。理由には価値がないが、結果には価値があるのだ。

敗者は過去の失敗から学ばない

歴史の教訓から学ばない人に未来はない。しかし、私たちは失敗から学ぶことができる。ただそれは、正しい態度でいれば、という条件つきだ。

失敗は回り道だが、行き止まりではない。遅れではあるが、敗北ではない。経験とは、失敗の別名である。学びながら生きる人もいれば、ただ生きるだけの人もいる。

賢い人は自分のした間違いから学習するが、もっと賢い人は他人の間違いからも学ぶ。自分の間違いだけから学んでいたのでは、人生はあっというまに過ぎてしまうからだ。

敗者はチャンスに気づくことができない

チャンスは、障壁という姿を装ってやってくることもある。

そのため、多くの人がチャンスに気づくことができない。

障壁が大きければ大きいほど、チャンスも大きいということを覚えておいてほしい。

敗者は恐れを自分で作る

恐れには現実のものと、思い込みによるものがある。恐れを感じると、人は不可解な行動をとってしまう。恐怖の原因は、理解力不足であることがほとんどだ。また、恐れを抱いて生きることは、感情の牢獄の中で生きることでもある。恐れは人を麻痺させ、動けなくする。

恐れは不安、自信のなさ、先延ばしする癖などが原因で生まれる。恐れは私たちの本来持っている力や能力を無力にしてしまう。恐れを感じると、きちんと筋の通った考え方ができなくなる。人間関係や健康も台無しになる。

よくある恐れとしては、次のようなものがある。

- **失敗する恐怖。**
- **知らないという恐怖。**
- **準備ができていない恐怖。**

- **間違った決断を下す恐怖。**
- **拒絶される恐怖。**

言葉で説明できる恐怖もあるが、ただ感じることしかできない恐怖もある。恐れは不安定さを生み、不安定さは理性を欠いた思考を招き、問題解決能力を破壊する。恐れを感じたとき、私たちが一般的にする反応は、逃げることである。

逃げれば、私たちは居心地の良い場所で、恐怖を一時的に緩和させることができるが、それで恐怖の源が消えるわけではない。

また、想像上の恐怖は問題を大きく見せる。

手に負えなくなり、幸福や人間関係を破壊する。恐怖（fear）とは、次のようなものだと考えるといい。

- False Evidence Appearing Real.
（もっともらしく見える間違った証拠）

往々にして、失敗に対する恐怖は失敗そのものよりもたちが悪い。失敗は、身に起きる最悪の出来事ではない。何事も挑戦しようとしない人は、やってみようと思う前からすでに失敗している。幼児は歩くことを覚えるとき、何度も失敗するが、子供にとってそれは失敗ではなく、学習なのだ。いちいち落胆していたら、絶対に歩けるようにはならないだろう。

敗者は才能を活かせていない

アインシュタインは言った。

「**私が生涯で使っていたのは、自分の知的容量のうち二五パーセントほどだと思う**」

ウィリアム・ジェームズによれば、人間は本来の能力のうち一〇～一二パーセントしか使っていないという。

多くの人にとって最も残念なこと、それは自分の中に音楽を眠らせたまま死んでいくことである。つまり、本来送れるはずの人生を送ることができていないのだ。

能力をすり減らすというより、錆《さ》びつかせてしまっているのである。私は錆びつかせるくらいならば、すり減らすことを選びたい。人生で一番悲しい言葉は「ああしておけばよかったのに」である。

能力を錆びつかせることを、忍耐力があることと混同してはいけない。

忍耐とは、意識的に行う決断である。行動的で、我慢強く、粘り強いことである。

錆びつかせることは、怠惰で受動的な行為である。

ある人が年長者に尋ねた。

「人生で最も重い荷物とは何でしょうか？」

年長者は悲しげにこう答えた。

「運ぶべき荷が何もないことだ」

敗者は自制心を失っている

なぜある人々は目標を達成できないのか、考えたことがあるだろうか。

なぜ彼らは挫折や危機的状況に落胆してばかりいるのだろう？

失敗し続ける人がいる一方で、成功し続ける人がいるのはなぜなのだろう。スポーツ、運動競技、学問、ビジネスなど分野にかかわらず、何か価値のあることを成し遂げた人は、規律なしにはその偉業を達成することはできなかったはずだ。

ここで言う「規律」とは、自らを律する自制心のことであって、外から強制される規制のことではない。

自制心がなければ、何をやっても得るものはない。

私は飛行機に乗るとき、気分で行動する人物ではなく、自制心のある、決められたことをやる人物をパイロットに望む。パイロットには、「私は自由だ。管制塔の誰からも指図されたくない」などという哲学を持っていてほしくないからだ。

行動に一貫性がないのは、自制心が足りない証拠だ。自制心を持つには、自分をコントロールし、犠牲を払い、気を散らすものや誘惑を避けて通らなくてはならない。

自制心は、つまり、集中するということだ。

ウサギとカメの話は、誰もが知っていると思う。

歩みの遅い安定した者がレースに勝つ、というのがこの古い寓話の教訓だ。しかしもう少し深く考えてみると、**カメの歩みは遅かったにもかかわらずウサギが負けたの**

は、自信過剰で自制心がなかったため、という教訓を持った話であるとも言える。
一貫性を獲得するには自制が必要だが、それは気まぐれな努力をするよりもずっと重要なことである。
自制と後悔は、どちらも辛いものである。多くの人は二つのうちどちらかを選ぶことができる。どちらがより辛いか、考えてみてほしい。そう、間違いなく後悔だ！

あなたは人生において、自らを律し、その報酬を手に入れるか、後悔するかのどちらかを選ぶことができる。

ティム・コナー（事業家）

敗者は自尊心が低い

自尊心が低いとは、自分に対する評価が低すぎること、自分への敬意がないことである。低い自尊心は、自己欺瞞《ぎまん》を引き起こす。

それは自分自身や他者を粗末に扱うことにつながる。

エゴが主導権を握ってしまうと、人は、他に価値のあることを達成するよりも、エゴを満たすことを目的として物事を決定するようになる。

自尊心の低い人は、いつも自分らしさを探している。彼らは自分自身を見つけようともがいているが、自分自身とは「見つけるものではなく、作るものだ」ということに気がついていない。

怠惰や怠け心は低い自尊心が原因だが、言い訳も同じだ。怠惰とは、きらびやかな金属さえも腐食させてしまう、錆のようなものである。

敗者は知ったつもりになる

知識への第一歩は、未知の領域に気づくことである。人はよりたくさんの知識を得るほどに、自分の知らない領域に気づく。なんでも知っていると思っている人こそ、最も学習が必要な人物である。

無知な人々は、自分が無知であることを知らない。自分が「知らない」ということを知らないのだ。実を言えば、無知よりも問題なのは、知識があると錯覚してしまうことである。本当は知らないのに知っているつもりでいると、間違った決断を下してしまうからだ。

六〇年前、私は何でも知っていた。そして今、私は何も知らない。教育とは、私たちの無知を日々発見することである。

ウィル・デュラント（ゼネラルモーターズ創始者）

敗者はすべてを運にまかせる

運命論者的な態度は、その人が責任を引き受ける妨げとなる。運命論者は、成功も失敗も運のせいにする。運命に身をゆだねてしまうのだ。

星占いに書かれた未来を受け入れさえする。自分の努力とは関係なく、起こるべきことは起きると信じているのだ。

そのため一切の努力をせず、独りよがりで無関心な生き方をする。運命論者的な態度の人々は、自分で何かを起こすのではなく、何かが起きるのを待っている。彼らにとっては成功も失敗も運の問題なのだ。

意志薄弱な人々は、預言者や占星術、自称神（ほとんどが詐欺師である）に簡単に助けを求める。彼らは迷信や儀式を信じやすい（ウサギの足を幸運のお守りだと考える人がいるが、それはウサギにとっては幸運とは言えないはずだ）。

失敗したいなら、運を信じるといい。

成功したいなら、原因と結果の原理を信じるべきだ。

そうすれば自分で「運」をつくることができる。サミュエル・ゴールドウィン（アメリカの映画プロデューサー）は言った。

「一生懸命働くほどに、私は運が良くなる」

◆「自分は運が悪いだけだ」と考える人たち

こうした人たちは、準備をした人のところに運は向いてくるものだと知らず、運とは自分の努力と関係なく、ただやってくるものだと考えている。その結果、何をやるにしても準備が足りず、本腰を入れようとせず、次のような言葉を口にする。

「試しにやってみる」

「腕試しにやってみる」

「どのみちそれほど真剣にやっていたわけじゃない」

「うまくいくかどうかやってみる」

「失う物は何もない」

よく考えてみればある種の無責任とも言えるこのような言動をとっていては、失敗するに決まっている。真剣に取り組まないということは、失敗を期待し、それを達成しているようなものである。

◆敗者は、人生は不公平だと考える

敗者は、自分の運の悪さだけを考える。

同様の運の悪さは、準備をきちんとし、うまくプレイした人も経験しているが、彼らは悪運を克服したのだということに考えが及ばない。違いはそこである。勝者が耐えられる痛みの限界は、次第に高くなっていく。彼らは究極的には、試合のために訓練をするのではなく、訓練することが人格の一部になるからだ。

◆幸運をつかむ人の共通点

アレクサンダー・グラハム・ベルは、耳の聞こえがあまり良くなかった妻のため、補聴器の開発に熱心に取り組んでいた。補聴器の開発には失敗したが、研究の過程で、電話の原理を発明した。このような人に対して、運がいいという言い方はしないはずだ。

幸運とは、準備とチャンスが出会ったときにやってくる。努力や準備をしていないのに、幸運が偶然やってくることなどない。

幸運

彼は昼も働き、夜もこつこつ働いた。
遊びや楽しみはあきらめた。
本を読み、新しいことを学び、
成功に向かって進み続けた。
信念と勇気を持って地道に励み、
ついに彼が勝利したとき、
人はそれを幸運と呼んだ。

作者不明

敗者は勇気が足りない

勇気とは、恐れないことではなく、恐れを克服することである。勇気のない道徳心（正義と誠実さ）は無力であり、道徳心を伴わない勇気はただの圧迫である。心が勇気で満たされているとき、私たちは恐れを忘れ、障壁を乗り越える。

弱い人間は決して誠実になれず、臆病な人は道徳心を行動に移すことができない。**勇気がない人は信用ならない。彼らは最後の瞬間になってあなたを裏切るからだ。**そうするだけの勇気がないからだ。

成功する人は、奇跡を期待したり、簡単にクリアできるタスクを探したりしない。彼らが求めているのは、障壁を乗り越えるための勇気と強さだ。成功する人は、何が失われたかではなく、何が残っているかに目を向ける。

願いは実現しないが、確信に支えられた考えと予想は実現する。祈りが聞き届けられるのは、それが勇気ある行動を伴っているときだけである。勇気と道徳性は、成功のために不可欠な組み合わせなのだ。

WORK

行動計画

1．次の質問に対し、「いいえ、ときどき、だいたい、いつも」の四つの中から、当てはまるものを選ぼう。

①計画的なリスクを負っているか　→（　）
②粘り強く物事にあたっているか　→（　）
③長期的な利益のために、短期的な痛みを受け入れているか　→（　）
④自分の優先すべきことに従って生きているか　→（　）
⑤自分のすることに信念を持っているか　→（　）
⑥何をするにしても計画を立て、準備をしているか　→（　）
⑦自分の行動に責任を持っているか　→（　）
⑧失敗から学んでいるか　→（　）
⑨恐れを克服すべく努力しているか　→（　）
⑩自分の才能を最大限活用できているか　→（　）

⑪自制できているか　（　　）
⑫あなたは運命論者か　（　　）
⑬自分には価値があるという強い気持ちがあるか　（　　）
⑭人生に目的があるか　（　　）
⑮一貫して勇気ある行動をとっているか　（　　）

2．あなたが最も重要だと思う、改善したい分野を三つ書き出す。

①
②
③

3．人生において、自制心が足りないために損をしてしまっている分野を三つ書き、それぞれにかかっているコストと結果を予想してみる。

分野	コスト	結果

①
②
③

①
②
③

①
②
③

4．次に不運に見舞われたら、次の二つのことを自問してみる。

・この試練からどんなことが学べるだろうか？

・これを自分の強みに変えるためには、どうしたらいいだろうか？

第4章

勝者の自尊心の作り方

Chapter IV:
How to build the self-esteem of winners

自尊心の魔法

何か良いことをするときはいつでも、私たちの視線は少し上を向く。その逆もまた事実である。

鉛筆の入ったお椀を前にして、物乞いが駅に座っていた。そこへ若い実業家が通りかかり、一ドルを落としていったが、鉛筆はとらなかった。彼は電車に乗り込んだが、扉が閉まる前に突然電車を降り、物乞いのところへ戻った。彼は鉛筆を一つかみ手にして言った。

「何本かもらっていくよ。君の鉛筆は適正な値段だと思うよ。つまり、君も僕もビジネスマンなんだってことさ」

そして走って電車に戻っていった。六カ月後、実業家はパーティーに出席していた。あの物乞いも、スーツにネクタイを締めてそこにいた。物乞いは実業家に気づき、そばに行ってこう言った。

「あなたは私が誰だか覚えてらっしゃらないでしょうが、私はあなたを覚えています」

そうして物乞いは六カ月前に起きた出来事を語った。実業家は言った。

「ああ、思い出したよ。君は物乞いをしていたね。スーツにネクタイなんて格好で、何をしているんだい？」

物乞いは答えた。

「あの日、あなたが私に何をしてくれたか、おそらくわからないでしょう。あなたは鉛筆をつかみ、『適正価格だと思うよ。君も僕もビジネスマンなんだ』と言ってくれました。生まれて初めて、私は慈悲を与えられるのではなく、人間としての尊厳を取り戻してもらったのです。

あなたが行ってしまった後、私は考えました。ここで何をやっているんだろう、なぜ物乞いなどやっているのだろう、と。そして、何か建設的なことをしようと決心したのです。そうして荷物をまとめて働き始め、今ここに至ります。私の尊厳を取り戻してくれたあなたに、ただお礼が言いたかったのです。あの出来事が私の人生を変えてくれたのですから」

物乞いの人生に、どんな変化があったのだろう？　彼の人生に起きた変化、それは自尊心とパフォーマンスの向上である。これこそが自尊心の魔法なのだ。

◆自尊心とは何か？

自尊心とは、私たちが自分に対して抱く感情である。自分に対して良い感情があれば、世界もよく見えるし、生産性も上がり、人間関係もずっと良くなる。逆もまた真実である。

セルフイメージとは、私たちが自分をどう見ているかである。自分に対する評価は、人生のあらゆる場面で、あらゆることに決定的な影響を与える。

高い自尊心の原動力は、自分を受け入れることと、自分に価値を見出すことであり、低い自尊心の原動力は、恐怖と自己欺瞞である。

自尊心は、自分の価値に気づき、受け入れることによって生まれる。自分の価値を受け入れると、人は精神的に安心する。地に足が着いたように感じ、自分自身に対して穏やかな気持ちを抱き、落ち着くことができる。内面から正当性が立証されているので、内側から意欲が湧いてくる。誰に対しても、何一つ証明する必要がないのだ。

自分の正当性を立証することは、利己的であることとは違う。私が言いたいのは、プラス面もマイナス面も含めた今の自分を受け入れるべきだ、ということである。私は自分に対して穏やかな感情を持っている。自分の間違いさえ誇りに思っているとか、独りよがりだとか、変わりたくないという意味ではない。私はパーフェクトではないという意味だ。

私は間違いを犯し、そこから学ぶ。間違いを誇るつもりはないし、繰り返すつもりもないが、私自身は間違いではない。こうした態度でいれば、自分を受け入れ、自己評価を確立し、自己欺瞞を打ち消すことができる。

◆自尊心が勝者と敗者を決定づける

自尊心は、成功と失敗を決定する大きな要素である。

自尊心が高いと、幸せで心地よい、目的ある人生を送ることができる。自分が価値のある人間だと思えない限り、高い自尊心は持てない。

「成功するためには、内側から自分を突き動かす感情がなくてはならない」

これが、歴史上のあらゆるリーダーや指導者が出した結論である。

私たちが無意識に行っている自己評価は、他人にも伝わり、他人はその評価通りに反応する。高い自尊心を持っている人には、確信や能力、進んで責任を受け入れる力が培われていく。

楽観的に人生と向き合い、より良い人間関係を築き、より満ち足りた人生を送ることができる。モチベーションが高く、意欲的で、精神的により敏感になれる。さらには、パフォーマンスが良くなり、リスクを負う能力も向上し、心が新しいチャンスや挑戦に対して開かれた状態になる。また、建設的な批評ができるだけでなく、自分に対する批評を受け入れることもでき、心からの賛辞をたやすく贈ることができる。

高い自尊心を持つことのメリット

人の感情と行動には直接的な関係がある。

高い自尊心を持つことには、次のようなメリットがある。

- 傲慢にならずに、自信が持てる。
- 責任を受け入れようとする意志が生まれる。
- 楽観的な態度になれる。
- より良い人間関係と、満ち足りた人生が手に入る。
- 意欲的で、志の高い人間になれる。
- 新しいチャンスや挑戦に対して開かれた人間になれる。
- パフォーマンスが向上し、リスクを負う能力が上がる。
- 信用できる人間になれる。
- 頼もしく、信頼感のある人間になれる。
- どんな分野でもより生産性のある人間になれる。
- 安心する。

低い自尊心だとどうなるか？

低い自尊心の原動力となっているのは、「恐れと自己欺瞞」である。どうしたら自尊心の低さに気づくことができるのだろうか?

自尊心が低い人の行動パターンとはどんなものだろう?

この二つの質問に対する答えは似たようなものであり、重複する。

以下に、自尊心の低い人の行動パターンを短い一覧で紹介する。すべてを網羅したものではないが、示唆《しさ》的ではある。

自尊心の低い人の行動パターン

- ゴシップ好き。
- 常に人のあら探しをし、批判的。他者を批判することに喜びを感じている。
- 建設的な批判を受け入れることができない。
- うぬぼれが強い。うぬぼれが強い人は、非常に利己的で横柄である。
- 他人を論破したがる。
- 無礼で、失礼であり、マナーに欠け、思いやりがなく、わがままである。
- 本質的に偽善者である。偽りの仮面をかぶり、本来とは違う自分を装っている。

・怒りっぽく、とても傷つきやすい自我を持っている。
・頭が固く、自己中心的である。
・常に言い訳をし、行動しないことや失敗を正当化している。
・責任をとらない。他の人を責めてばかりいる。
・運命論者になる素質を持っている。自ら決定せず、物事が起きるのを待っている。
・自分が誠実でないため、誠実な友人がいない。
・心に秘めた目的のためなら価値観を曲げることも厭わない。
・行動に矛盾があり、気まぐれである。
・人と一緒に働くことや、何かのために働くことが苦手である。彼らは優越感にひたるために、他人をこき下ろす。
・引っ込み思案で、その結果孤立している。
・自分や他人にネガティブな予想を持っているので、めったに失望することがない。
・過度の服従を示し、おどおどした行動をとる。
・常に他者から正しいと認められ、賛同されることを求めている。
・自慢話をする。偽りの達成感と満足感が得られるからである。

・自分の意見をはっきり言わない。
・いばり散らし、攻撃的で威圧的な振る舞いをする。
・悲観的な行動をとる。
・服従的な態度をとる。
・「周りとうまくやっていこう」とするため、好きでもないものを買ったりする。
・注目されたい、あるいは従わない、という態度をとる。
・態度をはっきりさせず、責任をとりたがらない。
・権威に反抗的。たとえ権威が正しくても、権威であるという理由で反抗する。
・生きていく上での指標がなく、思いやりのない行動をとる。
・ブランド、ステータスなど、物質的なものを重要視しすぎる。
・自分の仕事にプライドを持っていない。
・自分の存在にプライドを持っていない。
・肩を落とす、アイコンタクトを避ける、視線が泳ぐ。
・何かを許すことができず、他人への恨みを永久に持ち続ける。
・同調を求め、自己憐憫、被害者意識にひたりがちである。

・猜疑心が強く、嫉妬深い。自分の問題よりも、他人の成功のほうが気にかかる。

・現実逃避をする。やるべきことを先延ばしにし、アルコール依存症や、薬物依存といった自虐行為に走りやすい。

ここで挙げた項目は、自尊心の低い人の行動の一部にすぎないが、こうした行動の原因となっているのは、不安である。このリストを紹介したのは、自己評価の基礎を作ってもらうためであり、自責の念を感じてもらうためではない。

あなたはリストにあるような行動をとっているだろうか？

おそらく私たちのほとんどが、このリストにあるネガティブな行動に、程度の差こそあれ思い当たることがあるはずだ。そのことに気づき、改めてもらいたい。

自尊心が低い人と高い人で、同じ行動をとることはあり得るだろうか。答えはイエス。たとえば、自尊心が低くて引っ込み思案な人もいれば、自尊心が高くて引っ込み思案な人もいる。

しかし両者を動かしているのは異なった動機である。

自尊心が低くて引っ込み思案な人は、誰かといるのが落ち着かない人だが、自尊心が高くて引っ込み思案な人は、自分から選んで引っ込み思案なのである。これは寂しさと孤独の違いである。自尊心の低い人は、大勢の中にいても寂しさに苦しめられるが、自尊心の高い人は、自分で孤独を選び、それを楽しんでいる。

寂しさとは一人でいることによる辛さだが、孤独とは一人でいることの楽しさだ。

自尊心の高い人は、仲間といることが楽しい、一人でいるときも、自分自身といるのが楽しいと、本心から言うはずだ。

自尊心の高い人と低い人を比べてみると、次のような違いがある。

自尊心が高い人

- アイデアについて話す
- 態度に思いやりがある
- 謙虚
- 権威を尊重する
- 信念に基づいた勇気を持っている

自尊心が低い人

- 人について話す
- 批判的な態度である
- 傲慢
- 権威に反抗する
- 周りに同調する

自信がある
道徳を気にする
自分の意見をはっきり言う
責任を受け入れる
利他主義
楽観主義者
ものわかりが良い
学ぶことに対して意欲的
敏感
孤独
話し合う
自分自身の価値を信じている
正しい方向に導かれる
自制心がある
精神的なものが原動力

おどおどしている
世評を気にする
攻撃的である
世の中のせいにする
わがまま
運命論者
欲深い
知ったかぶり
短気
寂しがり屋
議論する
資産の価値しか信じない
間違った方向に導かれる
自由に対して間違った感覚を持っている
外的要因が原動力

他人を尊敬する
礼儀正しさを楽しんでいる
限界を知っている
与える人

他人を見下す
無礼であることを楽しんでいる
やりすぎてしまう
与えられる人

◆なぜ仮面をかぶるのか

あるところに、若くして取締役になった男がいた。彼は自尊心が低く、昇進はしたものの、新しいオフィスと地位に馴染むことができなかった。

ある日、男のオフィスのドアをノックする音が聞こえた。自分は重要人物であり、忙しいのだということを示すため、彼は受話器を取り上げ、訪問者に入るように言った。入って来た男は、取締役が電話口でうなずきながら、「問題ない。私が何とかしよう」と言っている間、じっと待っていた。数分後、取締役は受話器を置くと、訪問者に何の用かと訊いた。男は答えた。「電話の接続に参りました」

この話のメッセージは何だろう？

なぜ、人は偽るのだろうか。どうして嘘が必要なのだろう。何を成し遂げようというのだろう。何を証明しようとしているのだろう。偽りの重要性を求めてしまうのはどうしてなのだろう。

このような行動をとってしまうのは、不安感と自尊心の低さが原因である。人の人格は、その人のあらゆる行動や好みから判断することができる。人格は、次に挙げるようなことからも知ることができる。

自尊心は、それがポジティブかネガティブか、次のような項目で明らかにできる。

ポジティブな自尊心	ネガティブな自尊心
自分を高く評価する	自分を酷評する
自信がある	自己不信
自分を大切にする	自分を傷つける
自分を受け入れる	自分を否定する
自己愛	自己中心的

自分認識　―――　自己欺瞞
自制する　　　　　自分を甘やかす

自尊心が高いとは、エゴが大きいことではない。むしろその逆である。自分の持っていないものを人にあげることはできないように、自分自身に対して穏やかな気持ちを持っていなければ、他人に対しても穏やかに接することはできない。

高い自尊心を持っていなければ、それを他人と分かち合うことはできない。

まずは正直に評価をし、自分のやるべきことを先に片づけることだ。飛行機に乗る際の安全に関するアナウンスでも、子供を助ける前にまずは自分の酸素マスクをつけるように指示される。

これは利己的なことではない。物理的に、あるいは精神的に他人を助けるためには、助ける側が身体的にも精神的にも強くなくてはならないのだ。

WORK

行動計画

1. この章を読んで、改善が必要だと感じた分野を三つ書き出し、これから三〇日間で意識的に改善することを誓おう。

①

②

③

2. 克服すべき弱点を三つ書き出そう。

①

②

③

第5章

勝者の思考を作る14のステップ

Chapter V:
14 steps to make the winner way of thinking

ステップ1．弱みを強みに変えた偉人たちの伝記を読む

ネガティブをポジティブに変え、逆境をアドバンテージに変え、障壁をステップアップのための踏み台にした人の人生について書かれた本を読むといい。

そうした人たちは、失望や失敗が自分を貶《おとし》めることを許さない。

ベートーヴェンは、素晴らしい曲をいくつも作曲した。彼のハンディキャップとは何だったか？　耳が聞こえないことだった。

ミルトンは、自然について非常に優れた詩を書いた。彼のハンディキャップは、盲目であることだった。

世界で最も優れた指導者の一人、アメリカ合衆国の大統領フランクリン・D・ルーズベルトのハンディキャップは、車いすで仕事をしていたことだった。

ウィルマ・ルドルフの話

ウィルマ・ルドルフは、テネシー州の貧しい家庭に生まれた。四歳のときに肺炎と猩紅熱《しょうこうねつ》にかかり、この致命的な疾患《しっかん》の併発によって、麻痺が残ってしまった。補助器具をつけることを余儀なくされ、医師には、地面に足をつけて歩くことはできないだろうと言われた。しかし母親は彼女を励まし、神様が与えてくれた力と、辛抱強さと信念があれば、望むことは何だってできると言って聞かせた。ウィルマは言った。

「世界で一番足の速い女の人になりたい」

九歳のとき、医師の診断に反して、彼女は補助器具を外し、不可能と言われていた第一歩を踏み出した。一三歳のとき、初めてのレースに出場し、最下位でゴールした。二回目、三回目、四回目のレースも最下位だったが、ついに一位でゴールする日まで、彼女はレースに出場し続けた。

一五歳のときに入学したテネシー大学で、彼女はエド・テンプルというコーチに出会う。

彼女は言った。「世界で一番足の速い女性になりたいのです」

テンプルは言った。「君のスピリットがあれば誰も君を止めることはできないし、私も助けになるよ」

世界最高峰のライバルたちが集う大会、オリンピックにウィルマが出場する日がやってきた。彼女は、一度も敗れたことがないという女性、ユッタ・ハイネと競うことになった。

最初のレースは一〇〇メートル。ウィルマはユッタを破り、初めての金メダルを獲得した。

二番目のレースは二〇〇メートルで、ここでもウィルマはユッタに勝利し、二つ目の金メダルを獲得する。

三番目の競技である四〇〇メートルリレーで、再び彼女はユッタと走ることになった。通常リレーでは、チームで一番速い選手が最終ラップを走ることになっており、二人ともアンカーだったからだ。

最初の三人の選手のバトンはうまく手渡されていった。しかしウィルマの番が回って来たとき、彼女はバトンを落としてしまった。反対レーンで、ユッタが加速するのが見えた。ウィルマはバトンを拾うと、機械のごとく走り、再びユッタを破り、三個目の金メダルを手にした。

この出来事は歴史に残った。麻痺患者だった女性が、一九六〇年のオリンピックで世界一速い女性になったのだ。

ウィルマはとても重要なことを教えてくれている。**成功する人は、問題がないから挑戦するのではなく、問題があっても関係なく挑戦するのである。**ネガティブをポジティブに変えた人物の実話を聞いたり読んだりすることで、私たちはモチベーションを上げることができる。そうした人々の伝記や自伝をいつも読んでいれば、やる気を持続させられるはずだ。

ステップ2．知的な無知を学ぶ

教育は、私たちに何ができるか教えると同時に、何ができないかも教えてしまう。

ヘンリー・フォードは、V8エンジンの生みの親である。彼は正規の学校教育を満足に受けたことがなかった。一四歳を超えてからは学校にすら行っていなかったのである。

頭の切れる彼は、V8エンジンが自分の会社にとって多大な価値を持つ存在であることは十分承知だったが、どうやったら実際に作ることができるのかがわからなかった。そこで高度な教育を受けた人や能力の高い人にV8エンジンの作り方を尋ねて回った。しかし誰に訊いても、それは製作不可能だと言われてしまった。それでもフォードは、自分のV8エンジンにこだわった。

数カ月後、社員たちにV8エンジンが作れるかと尋ねたところ、彼らは答えた。

「我々は何が可能であるか知っていますが、何が不可能であるかも知っています。V8エンジンは不可能なんです」

このやりとりはその後、数カ月続いたが、フォードは次のように言い続けた。

「私はV8エンジンが欲しいんだ」

その後まもなくして、V8は不可能だと言った社員たちが、V8エンジンを完成させたのである。

どうしてこんなことが起きたのだろう？　それは社員たちが、学術的な制限を無視して、自分の想像力を駆使するようになったからである。教育は私たちに何が可能か教えてくれるが、時として何が不可能であるかも教えてしまう。正規の教育で私たちは自分の能力を教わるが、多くの場合、限界についても教わるのである。

私が欲しいと思っている人材は、何が不可能かを知らない力を持った人物である。

ヘンリー・フォード（フォード創業者）

ステップ3．金品による見返りが期待できない人のために何かをする

世界的に有名な精神科医カール・メニンガーは、あるとき聴衆にこう問いかけた。「神経衰弱になりかけている人がいたら、その人に何とアドバイスしますか？」話を聞いていた人々は、専門家に相談しなさいと言うのだろうと予想した。しかし

メニンガー医師は次のように言ったのだ。

「私はこうアドバイスします。町の反対側に行き、困っている人を見つけて手伝いなさいと。そうすることで自分の問題から抜け出すことができるのです」

私たちはつい、自分のことばかり考えてしまう。ボランティアは、自尊心を高めてくれるとても有効な手段だ。期待を持たず、見返りを受け取らずに他人の手助けをしているうちに、満足感が得られ、自尊心が高くなる。

ステップ4．賛辞の送り方、受け取り方を学ぶ

心からの賛辞を送るチャンスを逃してはいけない。

ポイントは「心から」という点である。心からの賛辞は人を良い気持ちにし、自尊心を高めてくれる。

誰かがあなたを褒めてくれたら、謹《つつし》んで受け、丁寧に「ありがとう」の一言を言うべきだ。

あなたが賛辞に値すると感じてくれたことに感謝しよう。それこそが謙虚というこ

とである。

ステップ5．責任を受け入れる

私たちは、自分の思考や振る舞いや行動の責任を受け入れ、言い訳を控えるべきである。落第点をとったことを、教師や科目が嫌いだからと言い訳する学生のようになってはならない。

責任をとらないことで、一番傷つくのは誰だろうか？　私たち自身である。責任を受け入れ、他人を責めるのはやめるべきだ。そうすることによってのみ、人生の生産性や質は向上する。

言い逃れは、問題を問題そのものよりも悪化させる。私たちは、次に挙げる項目に対して責任がある。

自分自身、社会、家族、環境、仕事だ。

日々、私たちはこの世界をもっと生きやすい場所にするために行動しなくてはならない。私たちは未来の世代のための管理人なのだ。責任ある行動をしなかったら、未来の世代は私たちを許してくれないだろう。

人間の平均寿命が七五歳だとして、今、四〇歳だったら、あなたには三六五日×三五年、約一万二七七五日が残されている。その時間で何をしたいか自問してみるといい。責任を受け入れるとき、あるいは責任が増すとき、私たちはより価値のある存在になれる。

ステップ6．自制心を育てる

自制は楽しみを奪うものではなく、楽しみを与えてくれるものである。

才能も能力もあるのに成功できない人を見たことがあるだろう。彼らは失望しており、いつも同じ行動パターンが、仕事や健康や人間関係に悪影響を与えている。満たされない思いを抱き、成功できないことを運や外的要因のせいにし、多くの問題が自制心の欠如から生じていることに気がつかないでいる。

自分自身をコントロールすれば、他人があなたをコントロールすることはない。自分でそうしなければ、他人に支配される。また、自制心は自己評価を高めてくれる。

自制は短期的には辛いことかもしれないが、長い目で見れば実に多くのものが得られるのである。

ステップ7．目標を設定する

うまく設定された目標があると、向かうべき道が明確になるし、目標にたどり着いたときに達成感が得られる。

目標以上に重要なのが、目的意識と、先を見据えることだ。この二つは人生に意味と充足感を与えてくれる。

目標を達成したときに大切なのは、何が得られるかより、私たちがどうなっているかである。私たちに良い感情を与えてくれるのは、達成までの過程である。それが自尊心というものである。

目標を設定するにあたっては、現実的にならなくてはいけない。

未達成のままの非現実的な目標は自尊心の低下につながるが、現実的な目標は人をやる気にさせ、自尊心を高めてくれる。

ステップ8．高い意識を持った人々と付き合う

人の人格というものは、どんな人々と付き合っているかだけでなく、どんな人との付き合いを避けているかでも判断できる。

だいたいの場合、悪い影響というのは、間違った人間関係や仲間内のプレッシャーからきていることが多い。あなたを悪事に巻き込みたいとき、人は「友達だろ？」という言葉を使う。

仲間からの圧力に屈して何かまずいことに足を突っ込んで、いざ問題が起きたとき、仲間はどこにいるだろう？　おそらく影も形もないはずだ。今日正しい人格を持たない人が、明日どこかから正しい人格を調達してくるなどあり得ない。覚えておいてほしい。本当の友達なら、友達が傷つくところを見たいとは思わないものだ。

高い道徳意識を持った人々と付き合うことは、自尊心の構築に役立つ。

仲間に受け入れられるために悪いことに加担する人はよくいるが、後に冷遇される羽目になることに気がついていないのだ。

◆規制の範囲内であれば問題ない――本当に？

多くの人は次のように言う。「ほどほどでいい。すべてが規制内に収まっていればオーケーだ」と。

私が問いたいのは、本当にそうだろうか、ということである。

- **規制の範囲内であれば、人を欺《あざむ》いてもいいのだろうか？**
- **規制の範囲内であれば、嘘をついてもいいのだろうか？**
- **規制の範囲内であれば、盗んでもいいのだろうか？**
- **規制の範囲内であれば、薬物を使用してもいいのだろうか？**
- **規制の範囲内であれば、煙草を吸ってもいいのだろうか？**
- **規制の範囲内であれば、不倫をしてもいいのだろうか？**

このうちいくつかは、間違いなくオーケーではない。

よく、「ちょっとやってみてすぐやめる」とか、「いつでもやめられるから」とか、

「欲しいときだけ」などという言葉で合理化しようとする人がいる。
彼らには、**始まりはいつも最初の一回から**ということがわかっていないのだ。
ネガティブな影響は、初めは細い糸のようだが、次第に引きちぎることのできない鎖となっていく。

自分の世評を大切にするなら、良い資質を持った人々と付き合いなさい。悪い人々と交わるくらいなら、一人でいたほうがいい。

ジョージ・ワシントン（アメリカ初代大統領）

ステップ9．外的要因で動かされるのではなく、自分の心で動く

インディアンの年老いた賢者が、虫の居所が悪かった通りすがりの男に暴行を受け、汚い言葉をぶつけられたときの話だ。


男の言葉が尽きるまで、老人は落ち着いてじっと聞いていた。老人に教えを乞いていた生徒のほうが狼狽して尋ねた。

「どうしてふさわしい言葉を返してやらなかったのですか？」

すると、老人は逆に、生徒に尋ねた。

「もし贈り物が受け取られなかったら、その贈り物は誰のものになると思うかね？」

「贈った人です」

生徒がそう答えると、老人は言った。

「私は彼の贈り物を拒否したのさ」

呆然とする生徒を残し、老人はゆっくりと歩き去った。この老人は自分の心によって行動したのだ。

外的要因のせいにしている限り、私たちの苦痛は続き、救われない気持ちになる。自分の感情や行動に対する責任を受け入れなければ、私たちは変わることができない。まずは次のことを自分に問いかけてみるといい。

「なぜ私は取り乱したのか？」
「なぜ私はがっかりしているのか」
「なぜ私は怒っているのだろう」

そうすれば、問題を乗り越える手がかりが得られるようになるはずだ。

あなたの許しがなければ、誰もあなたに劣等感を感じさせることはできない。
エレノア・ルーズベルト（アメリカ第三二代大統領フランクリン・ルーズベルトの妻）

ステップ10・幸せを運んでくる考え方を身につける

幸福感は、前向きな自尊心から生まれてくる。何に幸福感を感じるかと尋ねてみれば、人それぞれの答えが返ってくるだろう。物質的なものに幸福感を感じると答える人も多いが、それは本当の答えではない。幸福感とは、所有していることではなく、状態から生じている。あらん限りのものを手に入れても、幸せになれない人もいる。逆のことも言える。

幸福感とは、自分の心の問題である。幸せとは、蝶のようなものだ。追いかけると逃げて行ってしまう。じっと立っていれば、それはやってきてあなたの肩にとまる。

苦しさを感じたら、それは感情が衰弱している証拠だ。苦痛があると、良いことをする能力が失われてしまう。自分の基準をしっかり定めることだ。自分に正直になり、自分と競うべきなのだ。

それには、次に挙げる項目を実行するといい。

- **どんな人にも、どんな状況にもポジティブな点を探す。**
- **幸せになることを決意する。**
- **自分の基準を慎重に定める。**
- **ネガティブな批判に対する免疫をつける。**
- **ささいなことに喜びを見出す方法を学ぶ。**
- **常に同じ時はないと覚えておく。浮き沈みは人生の一部だ。**
- **どんな状況でもできる限りのことをする。**
- **いつも建設的なことを考える。**
- **自分よりも不幸な人の手助けをする。**
- **物事を乗り越える方法を身につける。くよくよしない。**
- **自分や他人を許す。罪悪感を抱いたり、恨みを持ったりしない。**

ステップ11・ポジティブな自己暗示をかける

自己暗示とは、あなたがなりたい人物や、欲しいもの、やりたいことに関して前向きに明言することである。

自分にポジティブなことを言い聞かせる習慣をつけるべきだ。自己暗示はあなたの無意識に影響を及ぼし、思考システムを変える。そしてあなたの行動とは、思考システムを反映したものだ。つまり、思考システムに影響を与え、あなたの行動を変化させるもの、それが自己暗示なのである。

自己成就的予言（意識的または無意識的に、与えられた予言に沿うような行動をとった結果、予言が実現すること）と言ってもいい。

自己暗示には、たとえばこんなものがある。

- **私なら何とかできる。**
- **私は数学が得意だ。**

・私は記憶力が良い。

ステップ12・弱みを強みに変える

一番の強みが、一番の弱みになることもある。どんな強みも行き過ぎれば弱みになる。たとえば販売の場合を考えてみると、うまく話せることは強みである。しかし、おしゃべり上手な販売員が、売ろうと自分に言い聞かせるあまりにしゃべりすぎてしまい、売り上げを落としてしまうことは珍しくない。

強みは人を助けてくれるが、行き過ぎると弱みに変わるのだ。

人の話を聞けることは強みである。しかし行きすぎると、人の話はたくさん聞くけれども自分の話が十分にできないことになってしまう。それはもはや弱みである。

逆に、最大の弱みは最大の強みに変わり得る。

怒りは弱みである。どうしたらこれを強みに変えることができるだろうか。MADDを設立したある女性がその答えを示してくれる。

ＭＡＤＤとは、飲酒運転防止母の会（Mothers Against Drunk Driving）のことだ。この女性は飲酒運転で子供を亡くした。彼女は怒りに燃え、社会はこのような無責任な行為を黙認すべきではないと決意する。そして合衆国中から飲酒運転に反対する人を集めて組織した。彼女と数千人のメンバーから成る会は、強い力を持つようになり、連邦議会や、様々な州の議会を動かし、法律を変えることに成功した。

怒りというネガティブな感情を、ポジティブな行動によって強みに変えた事例である。彼女は怒りを決意に変えたのだ。

ステップ13．忍耐強さを持つ

多くの人がモチベーションセミナーや読書を通してやる気になり、学んだことを実践するが、効果はすぐに出るものではない。するとみんながっかりしてあきらめてしまう。

そうして「ポジティブな、あるいはネガティブな題材について教えてもらったけど、特に影響は受けなかったよ」と彼らは言うが、それは真実ではない。違いは目に見えなくても、何かは起きているのだ。

中国では竹を植えるとき、水をやり、肥料を与えるが、最初の四年間は何も起きない。生長しているという兆候が見られないのだ。しかし五年後のある時期になると、六週間で九〇フィート（およそ二七メートル）も生長する。

疑問なのは、竹は六週間で伸びたのか、あるいは五年かけて生長したのかだ。

もし、何の兆候も見られなかった最初の四年間に水も肥料も与えられなかったら、果たして竹は生長しただろうか？

きっとしなかったはずだ。おそらく竹は枯れてしまっただろう。この話の教訓ははっきりしている。忍耐と信念を持って正しいことを続けよ、ということだ。成果がすぐに目に見えなくても、何かは起きているのだ。

注意すべきことがある。それは忍耐と怠惰は区別しなければならないことだ。人は、まったくの怠惰であるのに、自分は忍耐強いと考えてしまうことがあるからだ。

ステップ14・強みと弱みをリストにする

成功する人は、自分の限界を知っているが、強みに注目する。失敗する人は、自分の強みを知っているのに、限界ばかりを見ている。自分の強みと弱みが何であるかを知らなければ、強みを育て、弱みを克服することはできない。

次のスペースに自分の強みと弱みを三つずつ書いてみてほしい。もちろん、ノートでも構わない。

強み

弱み

自尊心の大切さについて、次に紹介するエイブラハム・リンカーンの文章以上によく表現しているものはない。

世界よ、私の息子は今日から学校に通う!

世界よ、息子の手を引いてくれ——あの子は今日から学校に通うのだ! しばらくのあいだは息子にとってはすべてが奇妙で新しいことだろうから、優しく接してやってほしい。ご存じのとおり、あの子は今まで王様だった。バックヤードのボスだった。私はいつも彼のそばにいて傷の手当てをし、機嫌をとれる場所にいた。しかし今、物事は変わろうとしている。息子は今朝、玄関先の階段を下りて行き、手を振って、争いや悲劇や悲しみもあるだろう偉大な冒険の第一歩を踏み出した。

この世界を生きるには、信念と愛と勇気が必要だ。だから世界よ、息子の幼い手を引いて、知らなければならないことを教えてやってくれ。できることなら優しく、教えてやってほしい。

息子は知らなければならない。すべての人が——男性も女性も、誠実であるとは限らないことを。悪党の数だけ英雄がいることを、敵の数だけ友人がいることを、彼に教えてやってほしい。いじめっ子には簡単に勝てるということを、早めに学ばせてあげてほしい。

本の素晴らしさを教えてやってほしい。

空を飛ぶ鳥や、緑あふれる丘の日差しや花の中の蜂の、永遠の神秘について頭をめぐらせるための、静かな時間を与えてほしい。

誰かを欺くよりも、失敗するほうが名誉なことだと教えてほしい。

誰もが間違っていると言っても、自分の考えに信念を持てと教えてやってほしい。

他の誰もが多勢についても、集団に流されない強さを与えてやってほしい。

人の話を聞くよう、しかし耳にすることはすべて、真実という名のふるいにかけ、そこを通した良いことだけを受け取るように教えてほしい。

自分の心や魂に値段をつけてはいけないと教えてやってくれ。叫ぶ群衆に耳を近づけ、その人たちが正しいと思ったら味方となって戦いなさいと教えてやってほしい。

世界よ、彼には優しく教えてあげてほしいが、甘やかしてもいけない。良い鉄を作るのは炎による試練だけなのだから。
世界よ、これは難しい注文かもしれないが、やってみてほしい。彼は本当に素晴らしい息子なのだ。

エイブラハム・リンカーン（アメリカの第一六代大統領）

WORK

行動計画

1. 強化したい強みを三つ書く。

①＿＿＿＿ ②＿＿＿＿ ③＿＿＿＿

2. 金品を期待せずにやるべき三つのことを書く。

①＿＿＿＿ ②＿＿＿＿ ③＿＿＿＿

3. 遠ざけておきたいネガティブな影響を三つ書く。

①――――― ②――――― ③―――――

4．より大きな責任を受け入れようと考えている三つの分野について書く。

①――――― ②――――― ③―――――

5．あなたが交際したいと思う、高いモラルを持った人物を三人書く。

①――――― ②――――― ③―――――

6．三カ月以内に読みたい、自己啓発書を三冊書く。

①――――― ②――――― ③―――――

7．心からの賛辞を送るべき人物を三人書き出す。

①――――― ②――――― ③―――――

第6章

勝者の人格を手に入れる方法

Chapter VI:
How to get the winner personality

責任を受け入れる

責任は、それを引き受けることのできる人に引かれていく。

エルバート・ハバード（アメリカの作家、哲学者、実業家）

まずはこれから始めよう。

今抱えている以上の責任を受け入れると、自分自身を向上させることができる。

責任ある行動とは、義務を受け入れることである。それは人間的に成熟していることの証である。

責任を受け入れるという行為は、私たちの態度や、働いている環境を反映している。物事がうまく行っているときには、それを自分の手柄にしたがる人はたくさんいるが、物事がうまく行かなくなったとき、すぐに責任を引き受けようとする人はほとんどいない。

責任を引き受けようとしない人も、責任から逃れることはできない。責任ある行動をとることを目標に定めるべきだ。

そのためには、次のようなフレーズは避けよう。

- **ほかのみんながやっているから。**
- **誰もそんなことはやっていない。**
- **全部あなたのせいだ。**

責任を受け入れない人は、両親や教師、遺伝子、神、運命、運や星の巡りといったものに責任をなすりつける。責任ある行動を子供のときから教え込む必要がある。ある程度の素直さがないと、教わることができないからだ。

ジョニーが言った。「ママ、ジミーが窓を割っちゃった」

母親は尋ねた。「どんなふうに割ったの？」

ジョニーは答えた。「僕が石を投げたら、あいつが避けたんだ」

責任を受け入れずに特権を行使しようとすると、たいていの場合、特権を失う結果となる。責任ある行動とは、よく考えて行動することでもある。

思いやりを示す

一〇歳の男の子がアイスクリームショップに行き、テーブルに座ってウェイトレスに質問をした。

「アイスクリーム・コーンはいくら？」

「七五セントよ」

男の子は手に持っていた小銭を数え始めた。それから、小さなカップのアイスクリームはいくらかと尋ねた。ウェイトレスはじれったそうに答えた。

「六五セントよ」

「じゃあ小さいアイスクリーム・カップをください」

男の子はアイスクリームを食べると、お金を払って出て行った。空になった皿を下げに来たウェイトレスは、心を打たれた。皿の下に、一〇枚の一セント玉がチップとして置かれていたからだ。あの男の子は、アイスクリームを注文する前から、ウェイトレスのことを思いやっていたのである。彼が示したのは感受性と思いやりである。自分のことの前に、他人のことを考えたのだ。

誰もがこの男の子のように考えれば、この世はとても生きやすく素晴らしい場所になるだろう。思いやりや礼儀正しさを示そう。他人への気配りは、思いやりのある態度となって表れる。

双方が得をする道を考える

ある男が死に、聖ペテロが彼に天国と地獄どちらに行きたいかと尋ねた。男は、決める前に両方見ることはできるだろうかと訊いた。

そこで聖ペテロは、まず彼を地獄に連れて行った。大きなホールにやってくると、そこにはさまざまな食べ物がのった、長いテーブルが置かれていた。テーブルに並んでいるのは、青白い顔をした悲しげな人々だった。

飢餓状態にあるようで、笑っている者は一人もいなかった。人々の手には四フィート（約一・二メートル）ほどのナイフとフォークが結び付けられており、彼らはそれを使ってテーブルの中央に置かれた食べ物を口に入れようとしていたのだ。しかし当然、彼らは食べることができないでいた。

次に聖ペテロは男を天国へ連れて行った。そこで彼は、大きなホールに食べ物がたくさんのった長いテーブルが置かれているのを目にした。テーブルの両サイドには人々が並んでおり、やはり手には四フィートほどのナイフとフォークが結び付けられていた。

しかしここの人々は、笑っていて、栄養も十分で、健康状態も良さそうだった。四フィートのナイフとフォークでは自分の口に食べ物を運べないことに気づき、テーブルの反対側にいる人と互いに食べさせ合っていたのだ。

彼らは自分のことだけでなく、双方にとって良い方法を考え、その結果幸せや楽しさや喜びを得ることができたのである。同じことは私たちの実生活にも言える。顧客や家族、雇用主や従業員のために尽くすとき、自動的にあなたにも利益があるのだ。

言葉を慎重に選ぶ

言いたいことを何でも口にしていると、自分が聞きたくない言葉を誰かから聞かされる羽目になる。

大切なのは、機転を利かすことである。言葉を慎重に選び、限度を承知することも機転の一つだ。何を言うべきか、何を言うべきでないかをわかっていること、と言ってもいい。

才能があっても機転が利かなければ、それは必ずしも喜ばしいことではない。言葉は態度を反映する。言葉は感情を傷つけ、人間関係を壊すこともある。不適切に選ばれた言葉で傷つく人のほうが、自然災害で傷つく人よりも多いのである。

選んだことを何でも口にするのではなく、口にする言葉を選ぶことが重要だ。それが賢さと愚かさの違いである。

過剰なおしゃべりは、コミュニケーションとは言えない。おしゃべりは控えめにし、内容を重視した会話をするべきだ。

愚か者は考えずに話すが、賢い人は話す前に考える。

憎しみから発せられた言葉は、修復不可能なダメージを人に与え得る。親が子供に対してどんなふうに話すかが、子供の運命を決めてしまうことも多い。

批判をしない、不平を言わない

ここで言う批判とは、ネガティブな批判のことだ。人は批判されると、防御的になる。批判は、後部座席からドライバーに文句を言うような行為になりがちだ。だが、それが建設的なものであれば、批判は必ずしも悪いことではない。

では、あなたは、建設的な批判とはどのようなものだと考えるだろうか。

次のような批判は、他人を鼓舞することができる。

・コーチとしての批判――手助けをしようという気持ちから批判する。
・「君はいつも～だ」とか「君は絶対に～しない」という言い方はせず、具体的な事柄に即して批判をする。
・正しい事実なのか確認する。
・憎しみを呼ぶような嫌味な調子は避ける。
・正しく批判してもらえれば、同じことを繰り返す必要がなくなる。
・批判はおおっぴらに行うのではなく、目立たないように行う。
・誤りを正すことで得られる利益を明示する。
・誤りをそのままにしておくことによる損失を指摘する。
・相手の人格ではなく、その人のパフォーマンスを批判する。
・個人的な憎しみを口に出してはいけない。
・正しい視点で批判する。やりすぎてはいけない。
・正しい評価をもって、前向きな言葉で締めくくる。

◆批判を受け入れる

いつか、あなたも批判を受けるときがくるだろう。建設的な批判を受け入れられないのは、自尊心が低い証だ。

批判を受け入れるために、次のことを実践しよう。

- **正しい精神で批判を受け入れる。憎しみを抱くのではなく、感謝の気持ちを持って対応する。**
- **偏見にとらわれずに批判を評価し、それが納得できるものであれば受け入れ、そこから学び、行動に移す。**
- **守りの姿勢は良くない。建設的な批判はすぐに、どうあっても受け入れるべきだ。**
- **建設的な批判をしてくれた人に感謝する。**

高い自尊心を持つ人はポジティブな批判を受け入れ、相手を憎むことなく、より良い人間になれる。

◆いつも文句ばかり言っている人になってはならない

不平をこぼすのは構わないが、いつも文句ばかり口にする人間になってはいけない。ホテルの食事が良くなかったら、それはもちろん不満を言うべきところだ。しかし、絶えず不満ばかり言っているのではだめだ。

慢性的に不平をこぼす人がいる。それが人格の特性となってしまっているのだ。彼らは何にでも文句を言う。熱いものは熱すぎるとぶつぶつ言うし、冷たいものは冷たすぎると不平を言う。雨が降れば、じめじめしすぎていると文句を言う。

彼らにとっては、毎日がバッド・デイだ。物事が順調に進んでいるときでさえ、不満の対象を探している。

世の中の五〇パーセントの人間は、問題があっても気にしないが、残り五〇パーセントの人間は、問題があることを喜んでいる。文句ばかり言ってもいいことなど一つもない。実際、こうしたクレーマーは、人生の半分をカスタマーサービスのカウンターで過ごすのが関の山である。

笑顔を忘れず人に親切にする

笑顔は無料だけれど、たくさんのものを生み出してくれる。
笑顔をもらった人は心が豊かになるし、笑顔を贈った人も貧乏にならない。
笑顔は一瞬の出来事だけれど、笑顔の記憶は一生残るかもしれない。
家庭に幸せを運び、仕事に親密さをもたらし、友人であることの証明となる。
疲れに対する癒やしであり、トラブルに対するこれ以上ない自然の解毒剤でもある。

日々の暮らしの中で、友人が笑顔も出ないほど疲れていることがあるかもしれない。そんなときはあなたが彼らに笑顔を贈ろう。

楽しさは、良い状態から生じる。笑顔には、偽りのものと心からのものがある。大切なのは、心からの笑顔だ。顔をしかめるほうが、笑顔を作るよりも多くの筋肉を使う。笑顔になるほうが、顔をしかめるより簡単なのだ。

笑顔は顔の印象を良くしてくれる。不機嫌な人に近づきたい人などいない。その人よりももっと不機嫌な人を除いては。

笑顔は人から人に伝染するものであり、お金をかけずに見た目を良くしてくれる方法である。笑った顔は、いつでも歓迎される。

他人の行動に対してポジティブな解釈をする

人間関係をスタートさせるときには、常にポジティブな考え方をすべきだ。疑いを持ったら、それを相手の利益になるように考えよう。たとえば、電話をかけたのに二日間折り返しがないとき、初めに思い浮かぶのは、「無視されている」という考えだろう。

(a) メッセージを聞いていない。

(b) メッセージを聞いたが、緊急でやらなくてはならないことがある。

(c) 電話をしようとしたがつながらなかった。

(d) 電話はつながり、メッセージを残したが、あなたが受け取っていない。

といった可能性についてはなかなか考えが及ばないが、そのように考えるべきなのである。

ポジティブに考えたほうがいい理由はたくさんある。だから、疑わしい点を他人の利益になるように解釈し、ポジティブな考えからスタートするのは、とても価値があることなのだ。

世の中が自分をやっつけようとしているという被害妄想にとらわれている人もいる。しかしそんなことはない。ポジティブな前提からスタートすれば、楽しい人格を構築するチャンスが広がるし、結果的に良い人間関係につながる。

良き聞き手になる

なぜ、人の話を聞くことが重要なのだろうか。

話を聞くことは、相手に関心があることの表れである。相手のことを気にかけているという態度を示すと、その人は自分が重要な人物であると感じることができる。重要な人物だと感じると、どんなことが起きるか？　やる気が湧いてきて、あなたの意見をより受け入れてくれるようになる。

また、話を聞くことで、人々を団結させることができる。人間関係がより強固になり、誤解が少なくなるからだ。

熱意が結果をもたらす

熱意がなければ何も始まらない。熱意には、自信を与え、道徳意識を高め、忠誠心を養ってくれる、お金に換えることのできない価値がある。熱意は人に伝染する。熱意は、話し方や歩き方、握手の仕方から感じ取ることができる。熱意は習慣であり、身につけ、実践することができるものである。

熱意と成功は切り離すことができない。

何十年も前、年俸一〇〇万ドルを受け取っていたUSスチール創業者のチャールズ・シュワブは、それほどの高い給料は、鉄の生産においてたぐいまれなる能力を発揮していることへの報酬なのかと尋ねられ、次のように答えた。
「私の能力とは、私の持っている最も大きな資産、すなわち従業員のやる気を引き出す力だと思っています。従業員にベストのパフォーマンスを発揮してもらうには、正しい評価をし、激励することが大切なのです」

私たちは、生きている間に生きなければならない。死ぬ前に死んではならない。熱意と願望だけが、平凡を優秀に変えてくれる。

水はたった一度の温度差で、世界最大級のエンジンを動かすことのできる蒸気へと変わる。熱意も同様に、あなたの人生の手助けをしてくれる。

どんな偉業も熱意がなければ達成できない。

ラルフ・ウォルド・エマーソン（アメリカの思想家、哲学者、エッセイスト）

正直な本心からの評価

精神科医のウィリアム・ジェームズは言った。

「**人間の最も深い願望の一つは、正当に評価されたいという願いである。必要とされていないと感じるのは、とても辛いことだ**」

本心からの評価、それは人が誰かに贈ることのできる、最も素晴らしいギフトだ。評価が大切なのはなぜだろうか。それは、人は評価されると自分が重要な人物であると感じられるからだ。自尊心も高まる。人を良い気分にさせてくれる。人との距離を縮めてくれる。

自分が価値のある人間だと思いたい願望は、ほとんどの人間にとって切実な願いの一つである。それは大きな動機となり得る。

現代における最も深刻な病気は、ハンセン病でも結核でもなく、必要とされていないないという感覚である。

マザー・テレサ（修道女）

親、教師、上司として、私たちは「よくやった」とだけ言って具体的なことには触れずに立ち去り、それで評価をした気になっている。

ただ評価を下すだけの行為は、正しい評価と言えるだろうか？

私たちが去った後、評価された人は以前にも増して混乱し、「何か良いことなどしただろうか？」と自問してしまうだろう。こうした評価はまったくの無駄でしかない。

「効果的な評価」をするためには、次に挙げる基準を満たす必要がある。

1．具体的であること。「限られた時間の中であの気難しい顧客に対応できたのは素晴らしいね」といった言い方をすれば、言われた人は何に対して評価を受けているのか知ることができる。

2．本心からの評価であること。一語一句が本気であることが大切である。本心でないなら、評価しないほうがいい。不誠実さは相手に伝わってしまうからだ。

3．即座になされること。何か称賛に値することを成し遂げた人がいるとして、六カ月後に評価しても、その効果は薄い。

4．「しかし」という言葉で修正しないこと。「しかし」を接続詞として使うことで、評価は打ち消されてしまう。「そして」「加えて」など、もっとふさわしい接続詞を使うべきだ。「あなたの努力は評価します、しかし……」という言い方ではなく、「あなたの努力を評価します、その上でさらにお願いしたいのは……」などの言い方を使うといい。

5．誰かを評価した後で、それに対する受取サインや返礼を待たないこと。お返しに感謝の言葉を言われることを期待する人もいるが、それは評価の目的ではない。

◆正しい評価とお世辞の違いとは？

それは正直さである。一方は心から生まれるが、もう一方は口から出てくる。一方は偽りないものだが、もう一方には隠された目的がある。お世辞を言うほうが、正直に称賛するよりも簡単だという人もいる。お世辞を言うべきではないし、お世辞が得意な人たちにだまされてもいけない。

忘れないでほしいのだが、正しい評価のポイントは、「正直であること」だ。正直でない評価なら、口にすべきではない。人は嘘の匂いを嗅ぎわけるし、自分の身に返ってきてあなたを悩ませることになるからだ。

間違いを犯したら、すぐに次の行動に移る

偉大な哲学者は言った。

「私が間違っていたら、それを取り下げればいいだけの話だ。私が正しいときは、その正しさとともに生きていけばいいだけ」

これは生きる指針として、素晴らしい哲学である。他の人が学ばずに生きている一方で、学びながら生きている人もいる。

間違いとは、そこから学ぶべきものである。人が起こし得る最も大きな間違いは、

間違いを繰り返すことだ。何かのせいにすることを考えてはいけない。間違いに気づいたら、すぐに受け入れて謝罪することだ。

- **間違いを引きずらない。**
- **間違いを否定しない。**
- **言い逃れをしない。**
- **くよくよ悩まない。**

このとき、間違いを弁解してはいけないのはなぜか？

立派な人間は、間違いを認めるからだ。間違いを認めると、他人の武装が解除される。間違いを認めるときには、偽りではなく、心から認めなくてはならない。中には、他の人が謝っているからという理由で謝罪し、時間を稼ぐ人もいる。ポジティブな人格を手に入れるためのポイントは、間違いを正直に認めることだ。

議論をしない

議論に勝つ一番の方法は、議論を避けることである。

議論とは、決して勝つことのできないものだ。もちろん言い負ければ、その時点で負けだし、相手を言い負かしても、仕事や顧客、友人、伴侶を失う。そんな勝利にどんな意味があるだろうか。まったく無意味である。話し合いはいい、しかし議論はすべきでない。議論は、膨らんだエゴから生じるものである。

議論とは、負けの決まった試合をしているようなものだ。たとえ勝っても、勝利の価値よりも代償のほうが高くつく。感情的な言い争いは、勝っても嫌悪感が残る。

議論をするとき、どちらの人も最後の言葉を言いたがる。議論とはエゴの戦いに過ぎず、最終的には大声コンテストになるのがオチである。そのことをよくわかっている人と議論をしようとするのは、愚かな人間のすることである。

議論に勝つほど、友達は少なくなる。仮にあなたが正しくても、そこまでして議論する価値はあるだろうか？　その答えは、絶対にノーだ。

たとえばあるパーティーがあって、とりわけお酒をいくらか飲んだ後で、誰かが知ったような口調でこんなことを言ったとしよう。

「今年の輸出額は五〇〇億ドルだ」

あなたはたまたま、その数字が間違っていて、正しくは四五〇億ドルであることを知っている。今朝新聞で読んだか、パーティー会場に来るまでに車内のラジオで聞いたかしていて、今車の中には、その情報を裏づける何らかの記事媒体まで持っている。あなたは自分の意見を口にすべきだろうか？

仮に、「私の聞いた情報では輸出額は四五〇億ドルということでしたよ」と言ったとする。その人物はこう答える。

「何の話かわかっていないんじゃないかね。輸出額は五〇〇億ドルで間違いない」

このとき、あなたにはいくつかの選択肢がある。

1．自分の意見を主張し、議論を始める。

2．車まで走って戻り、記事を取ってきて、彼の間違いを証明する。

3．話し合うが、議論はしない。

4. 引き下がる。

正しい選択は3と4である。

人生で大きなことを成し遂げようと思ったら、大人になることを学ばなくてはならない。大人になるには、些末な言い争いに巻き込まれたり、つまらない議論をしたりすべきではないのだ。

話し合いをするには、話をさえぎらず、相手にその件における考えをはっきり表明させるべきである。存分に話してもらうのだ。どんな点においても、相手が間違っていることを証明しようとしてはいけない。

また、相手と同じレベルに引き込まれてもいけない。礼儀正しく、敬意を持って接していれば、熱くなった相手も戸惑いを覚えるはずだ。

どんな場合でも、状況を行き詰まらないようにするには、次のような手段が有効である。

- **辛抱強く話を聞く。**
- **言い返したり、反論したりしない（論争を予想していた相手は困惑する）。**
- **謝罪の言葉を期待しない。**
- **つまらない問題を論点にしない。**

話し合いに必要なのは、正しいときに正しいことを言うことだけでなく、言うべきでないことを言わないままにしておくことだ。子供たちには、はっきり話すことを教えるべきであり、言い返すことを教えるべきではない。議論に対してどのように対応するかは、その人がしつけられた環境を反映している。

議論を穏やかにする方法は、わからないということを表現し、次のような言葉で質問することだ。

「なぜそう思うのですか？」
「もう少し説明してくれませんか？」
「もっと具体的に言ってもらえますか？」

話し合っても歩み寄れなければ、そのときは、礼儀正しく、穏やかに、丁寧に、意見の不一致を認めたほうがいい。私たちは成熟した大人として、失礼のないように反対意見を述べる方法を学ばなくてはならない。

重要な原則として、次のようなものがある。決して議論してはならない。

その理由は、次の二点である。

1．議論とは、勝つことのできないものだからだ。

2．議論に勝ったとしても、結局は尊敬を失う。議論にはそれに見合うだけの価値はない。

噂話をしない

他人の噂話をあなたとしている人は、別の人ともあなたの噂話をしている。

噂話は、嘘につながることが多い。噂話とは、ふっと耳に入ってきた話を、時間のあるときに繰り返すものだからだ。噂話をする人は、自分のやるべきことに集中することができない。なぜなら噂話をするような人には、やるべきことも、集中力もないからだ。

噂話では、直接聞いたことよりも、立ち聞きしたことに重きが置かれる。言わずにいるということを一切しないで、なおかつ何も言わないという技術、それが噂話である。

噂話は、心を傷つけ、人生を台無しにする、ずるくて意地の悪い行為だ。被害者は抵抗することができない。顔や名前を持たないため、追跡して捕らえることもできない。評判を色褪せたものにし、政治を不安定にし、結婚を破綻させ、キャリアを台無しにし、罪のない人を泣かせ、頭痛や眠れない夜を引き起こす。

次に噂話に夢中になってしまったときには、以下のことを自問してみるといい。

- **それは真実だろうか？**
- **思いやりのある紳士的な行為だろうか？**
- **必要なことだろうか？**

- **陰口を広めてはいないだろうか？**
- **他人についてポジティブなことを口にしているだろうか？**
- **噂を広めることで、自分が楽しみ、他人を励ますことができているだろうか？**
- **会話の最初の一言が「誰にも言わないでね」から始まっていないだろうか？**
- **秘密を守れるだろうか？**

噂話をするのは控えるべきだ。小声でしか話せないようなことは、嘘つきの口からしか出てこないということを覚えておいてほしい。

約束を誓約に変える

誓約とは、何があっても守られるべき約束のことだ。誓約は正直な人格から生まれ、確信へと導いてくれる。

うわべだけの人間関係は浅くて中身がない。都合のいい、一時的な関係だ。誓約なしには、長く続くものは生み出されない。

誓約は自由を奪うものではない。それどころか、安心感を生むので、さらに大きな自由を与えてくれる。

私たちが誓約し、守り通さなくてはならない最優先事項、それは価値基準である。良い価値判断システムを持つことが必須であるのは、そのためなのだ。

誓約があれば、どんなときにも揺るがない関係が実現する。誓約には人格が表れる。

感謝の心を忘れず、感謝されることを期待しない

感謝とは気持ちだ。感謝があると、私たちの性格は良くなり、立派な人格が構築される。

謙虚な心から感謝は生まれる。感謝は、他人に対しありがたいと感じる気持ちだ。それは態度を通して他人に伝わるし、私たちの行動にも反映される。

感謝は良いことをしてもらったお返しにすることではないし、ギブ・アンド・テイ

クでもない。親切や理解や勤勉さといったものにお返しをすることはできない。

感謝が私たちに教えてくれるものとは何だろう？

それは、協力と理解のコツである。

感謝は心からするべきだ。ありがとうと口にするだけでも、立派な感謝である。

私たちは配偶者や家族や友人など、近しい人への感謝を忘れがちである。誠実さを持った個人の人格や性格を形作るもののうち、感謝は最上位に来る要素の一つである。

感謝の対極にあるのが、エゴである。感謝の態度は私たちの人生の視野を変えてくれる。感謝と謙遜があれば、自然と正しい行動がとれるようになる。


あなたの人生にポジティブな影響を与えた人のことを思い出してみよう。両親、教師、あなたを助けるために余分に時間を費やしてくれた誰かを。それが彼らの仕事だったから、そうしてくれたように思うかもしれない。

だがきっと違う。彼らはあなたのために、喜んで自分の時間や努力、お金やその他様々なものを犠牲にしていたのだ。あなたから感謝されるためではなく、愛情があったからそうしていたのだ。

ある時点で、人は未来を作る手助けとなってくれた、自分の身に染み込んでいる誰かの骨折りに気づく。その誰かに感謝するのは今からでも遅くないはずだ。

一オンスの忠誠心を培《つちか》う

古い格言に、こんな言葉がある。

「**一オンスの忠誠心は、一ポンドの賢さよりも価値がある**」

これは世界共通で、不変である。

能力は大切だが、信頼はもっと大切である。高い能力があっても信頼できない人を、チームの一員にしたいと思うだろうか？　答えはノーだろう。

◆良い人間関係とはなかなか見つからない

幼い頃から仲の良い二人が、一緒に学校に通い、大学を卒業し、共に軍に入隊した。戦争が勃発し、二人は同じ隊で戦っていた。そこら中を銃弾が飛び交う中、暗闇から声が聞こえた。

「ハリー、助けに来てくれ」

ハリーはすぐに、それが幼馴染みのビルの声だとわかった。彼は指揮官に、ビルを助けに行ってもいいかと訊いた。指揮官は言った。

「だめだ、お前を行かせるわけにはいかない。ただでさえ人が足りないのに、もう一人失う余裕はない。それに、ビルの声の感じからすると、長く持つとは思えない」

ハリーは沈黙した。するとまた声が聞こえた。

「ハリー、お願いだ、助けてくれ」

先ほど指揮官に拒否されたため、ハリーは黙って座っていた。何度も、声は聞こえてきた。とうとう抑えられなくなったハリーは、指揮官に言った。

「指揮官殿、ビルは子供の頃からの友人です。私は助けに行かねばならないのです」

指揮官はしぶしぶながら、ハリーを行かせてくれた。彼は暗闇の中を這うように進み、ビルを塹壕まで引きずり戻した。見ると、ビルはすでに息絶えていた。指揮官は怒り、ハリーを怒鳴りつけた。

「長く持たないといっただろう。ビルは死んでいたのに、お前も殺されたら、私はもっと人手不足になるところだったんだ。お前の判断は間違いだ」

ハリーは答えた。

「いいえ、指揮官殿、私は間違っていません。ビルのところへたどり着いたとき、彼にはまだ息があったのですから。彼の最期の言葉はこうでした。『ハリー、お前は来てくれると思っていたよ』」

良い人間関係とはなかなか見つからないものであり、一度構築されたら大切に育てるべきだ。

私たちは、「夢に生きろ」とよく言われる。しかし、他人の犠牲の上にある夢に生きることはできない。そんなことができる人間は、非人道的である。私たちは、家族や友人など頼ってくれる大切な人々のために、身を捧げるべきなのだ。

恨みを抱え込まない

ガラクタの収集家になってはいけない。許すけれど忘れない、というフレーズを聞いたことはあるだろうか？　許すことと忘れることは、どちらも非常に重要である。人が恨みを抱えているとき、一番傷ついているのは誰だろうか？　その人自身である。血圧が上がるのは誰だろうか？　その人自身である。

許すことは、いつも自分から始まる行為だ。多くの場合、罪悪感と怒りを持ち続けることで、私たちは自分の過去の過ちのことを他の誰よりも自分で罰している。これは重量超過手荷物のように、常に料金がかかる。

いったいいつまで、私たちは自分を罰し続けるのだろうか。それに、自分自身を許せないのに、他人を許すことなどできるだろうか。

私たちは持っているものしか他人に与えることができない。人は許すことを拒否したときに、いつか開けなくてはならないかもしれないドアに鍵をかけてしまうのだ。

いつも正直で、率直で、誠実であれ

誠実とは、正直なことであり、虚偽や作り話に相対する、偽りのない事実である。信頼に値するという評判を勝ち取ろう。人間関係を作るものが一つあるとすれば、それは誠実さである。

結果的に不誠実な行為につながるなら、約束をし続けてはいけない。

誠実さは、寛大さや信頼、率直さを呼び起こす。また、自分や他人に対する尊敬の表れでもある。誠実であるとは、そう見えるのではなく、実際にそうでなくてはならない。誠実さは、会社のパンフレットや見出しには載らないが、人格に表れる。

自分の正直さを犠牲にして、勝つための近道をとることに、どんな意味があるだろうか。トロフィーを獲得することはできるかもしれない。しかし、フェアに、いんちきをしないで勝ったのではないという事実を知りながら、人は幸せになれない。

トロフィーを勝ち取ることより大切なのは、良い人間でいることだ。

◆真実が常にあなたが聞きたいこととは限らない

誠実な友人の最も重要な責任とは、嘘をつかないことである。辛い真実と向き合いたくないがために、聞きたいことを言ってくれる人を友に選ぶ人もいる。心の奥底では彼らが言うことが真実ではないとわかっているにもかかわらず、自分をごまかしているのだ。

正直な批判は痛みを伴うこともある。知り合いはたくさんいるが友人はほとんどいないなら、人間関係の深さについて立ち止まって考え直すときである。

誠実でない行為を、臨機応変な対応と考える向きもあるだろう。しかし本当にそうだろうか？　嘘をついておいて、自らのことを「駆け引きがうまい」と称する人は珍しくない。実際は、人を思い通りに操作したいだけなのだ。

誠実であるために必要なのは、一貫性を持つことと、関係ないふりをしないことである。私たちは、以下に挙げるような物事に、何度罪の意識を感じてきただろうか。

- **小さな罪のない嘘。**
- **お世辞。**

・**事実の省略や、半分だけの真実を言うこと。**
・**黙っていることで、大きな嘘をついたこと。**

自らが正直な人間になれば、この世からろくでなしが一人少なくなったと確信できるだろう。

トーマス・カーライル（イギリスの歴史家、評論家）

◆うわべだけ取り繕うのはやめる

困っている友達に、「何かできることがあったら言ってね」と言うのは、その人をいらいらさせるだけである。それは真摯な申し出ではなく、リップサービスである。もし本当に助けになりたいと思っているのなら、何か適切なことを考えて実行すればいい。

多くの人が、本質的なことよりも、いつか自分が助けてもらう権利を主張できるようにという自分勝手な理由から、誠実さのマントに身を包んでいる。

意味のない見せかけの社交辞令は控えるべきである。

謙遜を身につける

謙遜のない自信は、傲慢でしかない。謙遜は、あらゆる美徳の基礎であり、器の大きな人間であることの証でもある。謙遜は、自分を過小評価し、卑しめる行為ではない。心からの謙遜は人を惹きつけるが、間違った謙遜は逆効果だ。


何年も前のこと、馬に乗った男が、重い丸太を動かそうとしている兵士たちの横を通りかかった。奮闘する兵士たちのそばには、伍長《ごちょう》が立っていた。馬上の男は伍長に、なぜ手伝わないのかと尋ねた。すると伍長は答えた。

「私は伍長だ。命令を下すのが私の仕事だからだ」

男は馬から降りて、兵士たちのところへ行って、丸太を動かすのを手伝った。彼の助力によって、兵士たちは丸太を動かすことができた。男はさっと馬にまたがると、伍長のところへ行き、こう言った。

「次にあなたの兵士たちが助けを必要としていたら、最高司令官を呼びなさい」

男が去った後、伍長と兵士たちは、彼がジョージ・ワシントンであったことを知った。

この話のメッセージは実にはっきりしている。

成功と謙遜は切り離すことのできないものだ。賛辞は他人の口を通したほうが、遠くまで届く。誠実さと謙虚さは、偉大な人間の二大品質保証マークである。

人を思いやる、気遣いをする

人間関係では誰もが間違いを犯すし、他者（特に近しい人）が必要としていることに鈍感になってしまうこともある。こうしたことが失望と怒りを引き起こす。失望に対処するための手段が、相手を思いやることなのである。

人間関係が生まれるのは、人が完璧だからではない。思いやりがあるからなのだ。

思いやりのある人でいることは、ただの良い人でいることよりも喜ばしいことだ。

思いやりのある態度は信頼を構築するが、それは人が持てる一番の保険であり、しかも対価として差し出さなければならないものは何もない。

◆寛大であれ

寛大であることとは、感情的に成熟していることの証である。寛大であるとは、思慮深く、頼まれずとも人を思いやれることである。寛大な人々は、自己中心的な人々が夢にも思わないような人生の豊かさを経験している。

利己主義には報いがある。人を気遣えるようになり、他人の感情には敏感でいよう。

◆親切であれ

お金があれば素晴らしい犬が買えるが、その犬に尻尾を振らせることができるのは、親切さだけである。親切なことをするのに早すぎるということはない。手遅れになるのはいつか、そのタイミングが私たちにはわからないからである。

親切とは、耳の聞こえない人にも聞こえ、目の見えない人に見える言語である。友人が亡くなったときに墓前に花を供えるよりも、生きているうちに親切な行いをするべきである。

するにしてもされるにしても、親切な行動は人を良い気持ちにする。親切な言葉が舌を傷つけることはない。

いつも礼儀正しくある

常に礼儀正しさを保つべきだ。礼儀正しいとは、他人に対する配慮があることに他ならない。礼儀がなければ開かないドアもある。人生においては、礼儀正しくて頭の鈍い人のほうが、頭の切れる無礼な人よりもずっと先まで行ける。

一つの大きな違いをもたらすのは、無数の小さな物事である。あなたは象に噛まれたことがあるだろうか？　もちろん答えはノーだろう。

では、蚊に刺されたことはあるだろうか？　ほとんどの人があるだろう。あなたの我慢強さを試すのは、ささいな刺激である。礼儀正しさとは、ほんの小さな親切でできている。

人をより遠くまで連れて行ってくれるのは、賢さではなくわずかな礼儀正しさである。礼儀正しさは深い道徳的行動の一つであり、元手はいらないのに、多くの利益を私たちに与えてくれる。

無礼さは、弱い人間の強がりである。

エリック・ホッファー(アメリカの哲学者)

ユーモアのセンスを磨く

ユーモアがなければ、人生は無味乾燥で辛いものになる。人生の辛い時期を何とか乗り切っていくための潤滑油が、ユーモアである。

どんなユーモアでも、他人を傷つけるようなものは、もはやユーモアとは言えない。ユーモアの質が良くない人もいる。ユーモアのセンスがあると、人から好かれやすく、魅力的に見える。一番良いのは、自分で自分を笑いの種にできることである。それは人間的に成熟している証拠だ。

自分で自分を笑うことを学ぶべきなのは、それが最も害のないユーモアであるからだ。自分を笑うことで、反動のエネルギーを得ることができる。

笑いは、世界共通の天然の精神安定剤である。ユーモアによって言いたいことの趣旨が変わることはないが、言葉の棘《とげ》を抜いてくれる。

嫌味な態度や、他人を貶《おとし》めるようなことはしない

ネガティブなユーモアには、嫌味なもの、誰かを悪く言うもの、人を傷つけるような言葉などが含まれる。他人を笑いものにするような皮肉を込めたユーモアは、どんなものであれ出来損ないである。

サディストにとっては、それが他人事である限り、どんなことでも楽しいことである。面白いからというだけの理由で、カエルに石を投げる男の子たちを目にするのは珍しいことではない。男の子たちの楽しさは、カエルの死を意味する。カエルにとっては笑いごとではない。

人と笑い合うか、人を笑うかの違いで、ユーモアは価値あるものにも、危険なものにもなる。他人を馬鹿にするような、嘲《あざけ》るようなユーモアは、面白くもないし、悪気がないとも言えない。他人の気持ちを傷つけることは、残酷な行為である。他人を貶めることで楽しさを覚える人もいる。

嫌味な言動をする人からは、人が離れていく。皮肉なユーモアは控え、「リスクを低く」保つことが大切である。「人は傷を忘れるが、侮辱は忘れない」という事実を肝に銘じておいてほしい。人を笑うのではなく、人と笑い合おう。

売り物じゃない子犬

男の子が、子犬を買いにペットショップにやって来た。中央には子犬が四頭座っていて、価格はどの子犬も五〇ドルだった。すみっこのほうに一頭だけで座っている子犬がいた。男の子は、あの子犬も同じ母親から産まれたのか、なぜ一人ぼっちなのかと尋ねた。店主は、同じ母親から産まれた子犬だが、あれは欠陥品なのだと答えた。生まれつき股関節窩《か》がなく、足も三本しかないため、安楽死させられることになるだろうということだった。

あの子犬と遊んでもいいかと男の子が訊くと、「もちろんだよ」と店主は言った。男の子が子犬を抱き上げると、子犬は男の子の顔や手のひらをなめた。そして、男の子が、買いたいのはこの子犬だ、と決めたとき店主は言った。

「この犬は売り物じゃないよ！」

しかし、男の子は引き下がらなかった。

「ちゃんとした値段で足の悪い子を買うから」

店主は折れた。「君がそう言うのなら、誰も止めはしないさ。好きにしたらいいよ」

男の子はポケットから二ドル引っ張り出すと、残りの四八ドルを母親からもらおうと駆け出して行った。男の子が店を出ようとしたとき、店主が後ろから声をかけた。

「ぼうや、欠陥品に正規の値段を出したいという君の気持ちはわかった。だけどわからないんだ、同じ値段で健康な子犬も買えるのに、どうして足の悪い犬を選ぶんだい？」

男の子は何も言わず、左足のズボンをめくりあげた。彼の足には、歩行補助具がついていた。

「そういうことだったのか。行きなよ。お金をもらっておいで」

これが共感というものである。

WORK

行動計画

1. 次の表にある項目について、一〇段階で自分を評価してみよう。

責任を受け入れているか
双方に利益のある関係を築いているか
言葉を慎重に選んでいるか
建設的な批判をしているか
建設的に批判を受け入れているか
温かい人間だという印象を人に与えているか

人の話を聞いているか
ポジティブな言葉で人間関係を始めているか
忍耐力があるか
心からの賛辞を口にしているか
議論ばかりしていないか

2. 1の中から、改善が必要な項目を三つ選ぶ。

① ＿＿＿＿＿＿＿＿
② ＿＿＿＿＿＿＿＿
③ ＿＿＿＿＿＿＿＿

第7章

無意識の習慣を変える潜在意識の使い方

Chapter VII:
How to use subconsciousness to change unconscious habits

勝者が必ず持っているポジティブな習慣

私がトレードマークとして掲げているのは、
「勝者は人と違ったことをしているのではなく、人と違ったやり方をしているのだ」
ということである。

こう言うと、勝者がやっている違ったやり方とは何かと、よく聞かれる。勝者は、敗者がやりたくないことを習慣としている。これが私の答えだ。

敗者がやりたくないこととはどんなことだろうか？　それは勝者がやりたくないことと同じだが、勝者は結局はやるのだ。

1．敗者は朝起きるのが嫌だと思う。勝者も朝起きるのが嫌だが、結局は起きる。

2．敗者はハードワークが嫌いである。勝者もハードワークは嫌だが、結局は熱心に働く。

勝者はポジティブな行動が習慣になっていて、反射的に行動できる。

私たちはみな、成功した人生を送れるように生まれついているが、多くの場合、負けるよう条件づけられてしまう。こんな言葉を聞いたことはないだろうか。

「あの人はただ運がいいだけだ。触った土がたまたま金に化けたんだから」

「彼は運が悪い。何に手を出しても、土くれに変わってしまう」

このような言葉に当てはまる人などいない。

人々の人生を、幸運と不運の観点で分類してみたら、いわゆる幸運な人というのは、あらゆる処理において何らかの正しい行動をとっている人だ、ということに気づくはずだ。彼らはポジティブな行動が習慣になっている。反射的に、正しい行動を真っ先に、毎回とるよう条件づけられているのである。

一方で、運が悪いと言われている人の人生を分析してみれば、人生のあらゆる処理においてネガティブな行動が習慣になっていることがわかる。だから何をするにしても、たいていうまくいかない。ネガティブな行動を反射的にとっているのだ。

◆人間は習慣の生き物

人間の行動の九〇パーセントは習慣である。人はみな習慣の生き物なのだ。ポジティブな習慣を身につければ、ポジティブな人格になるし、ネガティブな習慣が身につけば、ネガティブな人格になる。何かが習慣になる頃には、習慣が私たちをとらえているのだ。

習慣を身につけることは、畑を耕すことに似ている。習慣は、別の習慣を生む。私たちの行動は、インスピレーションによって喚起され、モチベーションによって継続し、習慣によって自動化される。

逆境を前にして勇気を出すこと、誘惑に負けない自制心を持つこと、辛い出来事があっても幸せでいることを選べること、失望したときにも道徳心を忘れないこと、障壁の中にチャンスを見出すことは、持っているととても役に立つ特性である。

しかし、こうした特性はほうっておいても表れるものではない。精神と肉体の両面を絶えず訓練し、習慣化していった結果得られるのだ。逆境に直面したとき、私たちの行動は、それがポジティブなものであれ、ネガティブなものであれ、いつもやっているようにしかならない。

小さなことに臆病だったり、不誠実だったりすると、大きな出来事があったときにポジティブな対応をしたいと願っても、それはいつもやっていることではないので実現できないのだ。

一度、嘘をつくことを自分に許してしまうと、難しいのは最初だけで、二回目、三回目はもっとたやすく嘘をつけるようになり、いつか習慣になる。

成功は、「継続と自制」の哲学によって実現する。必要なことを継続してやり続け、それが習慣になるまで、邪魔になるものは控える。

私たちが習慣としているものが、私たち自身である。優秀さとは行動ではなく、習慣なのだ。

アリストテレス（哲学者）

良い習慣を身につけるために必要なこと

私たちの行動のほとんどは習慣的に、つまり考えず、無意識に行われている。**私たちの人格は、習慣の集大成だ。**習慣は論理や推論よりもずっと強い力を持っている。習慣が形成されるまでのライフサイクルを進むうちに、最初は感じ取れないくらい弱い習慣でも、最終的に壊せないほど強力なものとなる。

習慣は、怠慢、あるいは決意によっても作られる。何を習慣にしたいかを決めないと、怠慢によって結局は悪い習慣が身についてしまう。

◆良い習慣を身につけるには

どんなことでも、繰り返してやっていれば習慣になる。行動することで身につくのである。勇気ある行動をすれば、勇気を学ぶことができる。正直に公平に振る舞えば、そうした特性を身につけることができる。実行することで自分の身になるのだ。

同じように、不誠実さや不公平な振る舞い、やる気のなさといったネガティブな特性も、実行しているうちに得意になっていく。

態度とは思考や思考パターンの習慣であり、それが行動へと反映される。習慣が心の状態を左右し、私たちの反応に影響を与えているのだ。

◆条件づけ

条件づけとは、心理的なプロセスのことだ。それによって私たちは、関連するある特定のイベントが起こることに慣れていく（あるいは条件が整えられていく）。

条件づけの一番有名な例は、パブロフの犬だろう。

ロシアの科学者パブロフは、飼い犬に餌を与える際に、いつもベルを鳴らしてから与えていた。当然、食事を目にした犬は、涎《よだれ》を垂らす。パブロフはこれを何度か繰り返した。その後、ベルを鳴らし、餌を与えないでみた。すると犬は、ベルの音で食事を期待するように条件づけられていたため、餌がなくても涎を垂らしたのである。

私たちの行動のほとんどは、条件づけの結果である。周囲の環境やメディアから常に条件づけられている私たちの振る舞いは、まるでロボットのようだ。自分の責任で、ポジティブな環境に自分を置いておかなくてはならないのはそのためだ。

何か良いことをしようと思ったら、無意識に行わなくてはならない。良いことをしようといちいち考えていたら、本当に良いことは決してできない。つまり、それを習慣にする必要があるのだ。

どんな分野でも、プロフェッショナルは何をするにしても基本がしっかりできているので、簡単そうにやってのける。多くの人は良い仕事をするとき、頭には昇進がちらついている。しかし良い仕事が習慣になっている人には、自然とポジティブな結果がついてくる。

◆私たちはどのように条件づけられるか

私たちは、意識的に、あるいは無意識的に、次に挙げるようなものにさらされることによって、条件づけられている。

- **読んでいる本**
- **映画やテレビ番組**

・聴いている音楽
・付き合いのある友人

仕事に向かう車の中で、数週間毎日同じ曲を聞いていていたら、ある日プレイヤーが壊れたときにあなたが口ずさんでいるのはどんな曲だろうか？　いつもと同じ曲であるはずだ。

習慣を変えることの最も難しい点は、効果のないことをきっぱり捨て去り、ポジティブな習慣を身につけることである。

ＧＩＧＯの法則

コンピューター用語にはＧＩＧＯ（garbage in, garbage out の略。ごみデータを入れればごみデータしか出てこないという意味）という言葉があるが、これはまったく妥当である。

・ネガティブなものを入れれば、ネガティブな結果が出てくる
・ポジティブなものを入れれば、ポジティブな結果が出てくる
・良いものを入れれば、良いものが出てくる
・くだらないものを入れれば、くだらないものが出てくる

得られるアウトプットは、インプットしたものと等価である。私たちの無意識は、分け隔てをしない。無意識は私たちが選んで頭に入れるものは何でも受け入れ、それが私たちの行動にも影響してくるのだ。

テレビは、私たちの道徳観や思考や文化に、すさまじい影響力を持っている。今では、ほとんどの価値観がメディアに起因している。

たくさんの役立つ情報を与えてくれると同時に、テレビは私たちの嗜好をひどく堕落させ、道徳観を崩壊させ、青少年の犯罪を増加させてきた。一八歳までに、子供はテレビで実に二〇万回もの暴力行為を目にするという。

この数年のあいだに、アメリカの複数の学校で大量殺人事件が起きた。関心の高い多くの市民は、メディアの中の暴力や犯罪と、路上におけるその徴候のあいだには大きな関係があると感じている。彼らは暴力や犯罪のシーンを減らすようメディアに働きかけ、ネガティブな影響を阻止しようと努力している。

意識と無意識

意識には、考える能力がある。受け入れ、拒否することができる。どんな本を読むかというのは、意識的な選択である。どんな音楽を聴くかも、意識的な選択だ。どんな友達を選ぶかもそうだし、どんな映画を観るかも同様だ。

選ぶところまでは私たちの自由だが、選択をした後は、選んだものが選んだ人間をコントロールするようになる。そうなればもう私たちに選択肢はない。

意識的に、私たちはどの映画を観るかを決める。意識が選択し、それから無意識が開かれる。身の毛もよだつようなシーンでは不快感を覚え、怒りを覚えるシーンでは、一緒になって怒る。

エキサイティングなシーンでは、観客も興奮する。悲しいシーンでは、涙を流す。これはどういうことなのだろう？　意識的に、私たちは観る映画を決めた。それなのに意識は閉じ、無意識が受け取り、身体が反応したのだ。

一方、**無意識は、受け取ることしかしない**。インプットしたものを選り好みすることはしないのだ。頭に恐れや疑念や憎しみといった思考を入れると、自己暗示が活性化し、そうした思考を現実のものに変換する。

無意識とはデータバンクのようなものだ。意識がドライバーだとするなら、無意識は自動車である。二つのうち、より強い力を持っているのは無意識だ。パワーは自動車に備わっているが、コントロールしているのはドライバーである。

意識は考え、判断し、従うべき指令を無意識に出す。こうして見ると、意識が主人となり、無意識が使用人となる。考える担当は意識なのだから、無意識がポジティブな状態でいられるよう責任を負っているのは、意識である。

無意識は私たちのために働くこともあれば、反抗することもある。合理的ではないのだ。**もしも成功できないのなら、無意識をプログラムし直す必要がある**。

無意識は庭に似ている。私たちが何を植えようと、庭は気にしない。中立的な立場であり、好みというものを持たない。

良い種をまけば良い庭になるし、そうでなければ、雑草のはびこる庭になる。人間の心も同じだ。ポジティブな思考とネガティブな思考を同居させることはできない。成功するためには、ポジティブなプログラムを設定しなくてはならないのだ。

ポジティブなプログラムを設定するには？

自転車に乗れるようになったときのことを思い出してほしい。そこには四つの段階がある。

第一段階は、「無意識の無能」と呼ばれる。この段階では、何がわからないのかわからない状態である。小さな子供は、自転車に乗るとはどういうことかわからない（無意識）し、乗ることもできない（無能）。これが無意識の無能である。

第二段階は、「有意識の無能」だ。子供は、自転車に乗るとはどういうことかだんだんわかってきたが、まだ乗ることはできないので、有意識の無能である。

しかし練習をしていくうちに、**第三段階「有意識の有能」に突入する。**子供は自転車に乗れるが、動きや手順に集中しなくてはならない。意識的な思考と努力をもって、子供は自転車に乗る能力を有するのである。

四段階目の「無意識の有能」は、子供が意識的に自転車に乗ることを何度も繰り返すうちに、考える必要がなくなったときにやってくる。意識せずにできるプロセスとなるのである。

子供は自転車に乗りながら、人と話したり手を振ったりできる。この子供は、無意識の有能の段階に到達したのだ。

この段階では、行動パターンが自動化されているため、集中したり考えたりする必要がない。もはや反射的な行動となっているわけだ。

私たちがポジティブな習慣を到達させたいのは、この段階だ。残念ながら私たちには、「無意識の有能」段階にある、前進を阻むネガティブな習慣もいくつかあるはずだ。

◆人は空白を嫌う

物事にはポジティブとネガティブのどちらかしかなく、中間はない。

人格形成は習慣になる。好ましい人格を形成したいなら、習慣を精査してみるべきだ。たまの楽しみだったはずのものが、永久的な欠点に変わっていないだろうか。次の項目についてチェックしてみよう。

- **仕事の質を落としていないだろうか。**
- **噂話に興じていないだろうか。**
- **妬みやエゴが友達になっていないだろうか。**
- **共感が不足していないだろうか。**

私たちは習慣の生き物である。もしも何か行動する前にいちいち考えなくてはならなかったら、何もできないであろうことを考えれば、これは良いことである。自分の考えに自制心を働かせることで、習慣はコントロールすることができる。私たちは無意識の力に手綱《たづな》をつけなくてはならない。また、大人になったときに人格の一部となる、ポジティブな習慣を子供のうちから養っていくべきだ。

しかし、始めるのに遅すぎることはない。ポジティブなことでもネガティブなことでも、そこに身をさらせば違いは表れる。新しい習慣を身につけるのは容易なことではないが、ポジティブな習慣を一度マスターできれば、人生に新しい意味をもたらしてくれる。

楽観的な見方、悲観的な見方も、習慣である。

習慣を変える唯一の方法

なぜ人は、自分のネガティブな習慣を自覚していてもそれを変えないのだろう？

その理由は、どんな変化も、それが良いものだったとしても、心地良くないものだからだ。短期的な快楽が長期的な苦痛を上回っているのである。

習慣が変えられない人は、

- **変わろうとする意志がない――彼らが持っているのはこうだったらいいのになあという願いであり、確固たる意志ではない。**
- **変わるための訓練が足りない。**

- **自分は変わることができると信じられない。**
- **変わる必要性に気がついていない。**

こうした要因はすべて、ネガティブな習慣を続けさせる力になっている。ネガティブな行動を無視し、それが去ってくれることを祈る（現実逃避的なアプローチではあるが）か、向き合って克服するか、を選ぶことができる。

習慣を変えるには、理屈で説明できない恐怖を克服し、心地いい領域を出ることが必要だ。覚えておいてほしいのは、恐れとは身についた習慣であり、身につく前の状態に戻すことも可能だということだ。

老犬に新しい芸を仕込め！

あなたが何歳でも、その習慣がどれほど長く続いているものでも、変えるのに遅すぎることはない。変わるために何が必要かを意識し、行動を修正するテクニックを使えば、私たちは変わることができる。

「老犬に新しい芸は仕込めない」という古い格言は、我々には適当ではない。私たちは人間であり、犬ではない。芸を仕込まれているわけでもない。自らの害のある行動を改め、ポジティブな行動を身につけることは可能だ。

態度や習慣は変えることができる。大切なのは、古いネガティブな習慣をきっぱりとやめ、新しいポジティブな習慣に置き換えることだ。

悪い習慣は、克服するより予防するほうが簡単である。

良い習慣は誘惑に打ち勝つことから生まれる。

幸福と不幸も習慣だ。行動や態度が習慣となるまで、意識的な努力を繰り返すことで、人は優秀さを手に入れることができる。

ネガティブな習慣をやめ、ポジティブな習慣を身につける方法

悪い習慣を良い習慣に置き換える方法は、次の二つが有効だ。

①自己暗示

②可視化

これらを一つずつ見ていこう。

①自己暗示

自己暗示とは何だろうか？　本書でいう自己暗示は、「現在時制で作られた、私たちがなりたい人物についてのポジティブな宣言」とする。

自己暗示は、自分のために「自分の宣伝文句」を書くようなものだ。それは意識と無意識に影響を与え、その結果、態度と行動に反映される。

自己暗示は無意識をプログラムする。

ポジティブにも、ネガティブにもプログラムできる。

ネガティブな自己暗示の例として、次のようなものがある。

「**私は退屈な人間だ**」

「**記憶力が悪い**」

「**運動が得意ではない**」

「数学が得意ではない」

ネガティブな自己暗示を繰り返していると、無意識がそれを信じるようになってしまい、自己暗示が自己成就的予言に変わり、行動に反映され始める。

自己成就的予言とは、意識的もしくは無意識的に自分の予言や主観的期待に沿うような結果を生じさせる行動をとったために、自分の予言や期待通りの結果が現れる現象だ。

たとえば、「私は記憶力が悪い」と自己暗示をかけた人は、初めて会う人に紹介されても、名前を覚えようとしないだろう。「自分は記憶力が悪い、だから覚えようとしても無駄だ」と自分に言い聞かせているからだ。

当然、二度目に会ったときも、「私は記憶力が悪い」と思ってしまっているので、名前を思い出すことはできない。これこそ、終わることのないサイクル、自己成就的予言である。

あることを何度も繰り返し信じていると、それは無意識に沈んでいき、現実になる。何度も繰り返せば、嘘も真実として受け入れられるようになる。

なぜ、ポジティブな宣言をすることが必要なのだろうか。それは、どんな言葉も頭にイメージを作るからだ。

私が「母親」と言ったら、あなたの頭には何が浮かぶだろうか？　おそらく、「母親」という言葉ではなく、自身の母親の姿を思い浮かべるはずだ。

自己暗示は、ネガティブな言葉で表現されてはいけない。ネガティブな言葉が自己暗示になると、避けたいと思っているネガティブなイメージが描き出される。私が「青い象のことを考えてはいけない」と言ったら、すぐにあなたの頭には青い象のイメージが浮かぶはずだ。

◆無意識は「体験」と「想像」が区別できない

そして、自己暗示は現在時制にすべきである。

なぜなら無意識には、本当に体験したことと、想像上の体験の区別がつかないからだ。子供が夜九時半に帰ると思っていたのに、午前一時になっても帰ってこなかったら、親の頭にはどんなことがよぎるだろうか。何事もなければいいが、という思いを抱くだろう。「事故に巻き込まれていなければいいけれど」

そう考えると、親の血圧は上昇する。これが想像上の体験だ。現実には、子供が帰ってこないのは、パーティーを楽しんでいるだけかもしれないのに。

その逆はどうだろうか。夜九時半に帰ってくるはずだった責任感のある子供が、実際に事故に巻き込まれて、午前一時になっても帰ってこなかったら、親の血圧はどうなるだろう？　やはり上昇するのである。

最初のシナリオは想像上の体験で、二番目のシナリオは現実の体験である。しかしどちらの場合でも、親の身体に起きた反応は同じだった。私たちの無意識は、現実と想像の体験の違いを判断できない。

②可視化（ビジュアライゼーション）

可視化とは、頭の中にある、欲しいものややりたいこと、なりたい人物のイメージを作り、目に見えるようにすることである。 可視化は、自己暗示と密接な関係がある。明確なイメージのない自己暗示は、効果がない。成果を得るために、自己暗示と可視化には、感情と気持ちが伴っていなくてはならない。

イメージを頭に思い描くときには、できる限りのポジティブな感情を注ぎ込もう。

そうすることであなたの描いたイメージはより効果的なものになり、成功しやすい。**いくつかの研究によれば、習慣が崩れるには、最低二一日間、意識的に首尾一貫した実践を続けることが必要だという。**

二一日間、あるオーディオテープだけを聴き続け、ある日突然音楽プレイヤーが壊れたら、あなたはどんな曲をハミングしているだろうか。さらに確実な効果を得たいなら、四一日間続けるといい。

自己暗示のプロセスはシンプルなものに思われるかもしれないが、簡単なことではない。それでも、あなたにはできる。次のセクションで紹介するステップを実践し、自己暗示を現実のものにしよう。

ポジティブな習慣を作る四一日間のメソッド

自己暗示を現実に変える四一日間のプログラムをご紹介しよう。

このメソッドを正しい順序で行えば、ポジティブな習慣を手に入れ、ポジティブな態度が手に入るはずだ。

1．邪魔の入らない、静かな場所に行く。

2．自己暗示はまず、書くことから始める。自己暗示を書き出してリストにする。現在時制の、ポジティブな内容にすることを忘れずに。小さな付箋にも自己暗示を書いておく。それをいつも目につくところに貼っておく（バスルームの鏡や、車のダッシュボード、手帳の中、デスクの引き出しなど）。一日を通してメモを目にしていれば、自己暗示を繰り返すことができる。

3．最低でも二一日間、できれば四一日間、自己暗示を実践し続ける。

4．一日に理想的には五回、最低でも二回は実践する。朝一番と、一日の終わりにも行う。朝は身体がリラックスしているし、頭も冴え、情報を受け入れやすい状態だからだ。朝にポジティブな情報を取り入れれば、一日の調子が決まる。また、一日の最後にも行うといい。夜も同じように、身体が休む態勢になりつつあり、無意識が情報を受け入れやすい状態だからだ。このときポジティブな指示を心に出して眠りにつくと、一晩中、無意識の中ではその指示が効力を持ち続ける。

5．自己暗示がうまくいくのは、意識的な努力と行動が伴われたときだけである。自己暗示はあくまで補助的なものであり、行動計画の代わりにはならない。

6．拒絶に備えても、拒絶を受け入れてはいけない。拒絶を拒絶するのだ。どういうことかというと、一度目に自己暗示を実行するとき、私たちの心はそれが馴染みのない思考なので、なかなか受け入れてくれない。

たとえばもしも私が、何十年も自分は記憶力が悪いと思い続けていたとして、急に「私は記憶力がいいんだ」などと自分に言い聞かせようものなら、私の心はこう言って否定するだろう。

「嘘つき！　お前は記憶力が悪いだろう！」

なぜなら、この時点では自分でもそう思っているからだ。この考えを取り払うには、最低でも二一日必要なのだ。

7．自己暗示は、自分が流暢に話せる言語でのみ行う。自分の理解できない言語で自己暗示を実行しても、自分が何を言っているのかわからないし、イメージもできないからだ。

8．一度に行う自己暗示は、いくらでも大丈夫。一〇個から一二個の自己暗示があるとしても、一つにかかる時間は、一分より短いはずだ。そうするとだいたい一〇分くらいの時間で済む。

9. 自己暗示は可視化が伴っていないと意味がない。 イメージを可視化せずに機械的に行っても、望む結果は得られない。

10. 四一日たったら、その後も続ける。 なぜなら、私たちを取り巻くネガティブさは消えていないからである。順調に進めていくためには、心にポジティブなものを与え続ける必要がある。そうでないと、後退が始まってしまうのだ。

11. 自己暗示は目を閉じた状態で行う。 一つには、注意散漫になるのを防ぐため、二つには、よりはっきりと、精度よくイメージに焦点を定める（可視化する）ためである。

12. 自己暗示は黙って行ったほうがいい。

13. 自己暗示はいつでも、どこでもできるが、当然他の活動に参加しているときには実行できない。

次に、提案したい自己暗示をいくつか紹介する。もちろん自分で作ってもいい。

1. 私はどんなことにも、どんな人にも、どんな状況にも良い面を見出す。
2. 私は自分の恵まれた点を数えることができる。
3. 毎日自分を高めるための努力をしている。
4. 一生懸命仕事をしている。
5. いつも真っ先に正しいことをしている。
6. 家族や同僚や社会に対して、もらった以上のものを返している。
7. 自分の働きぶりに誇りを持っている。
8. 物事に優先順位をつけ、目的ある人生を送っている。
9. 私の周りにあるのは良いものばかりだし、私は前向きな人々に囲まれている。
10. 私は勇気ある人間だ。
11. 私は自制心のある人間であり、自分で始めたことは自分でやめることができる。
12. 私は正直な人間だ。人生のあらゆる場面で誠意ある行動をとっている。
13. 私はポジティブな方法で自分のやる気を引き出すことができる。
14. 自分の考えや行動に完璧に責任を持っている。
15. 自分や他人に敬意を持っている。

16. 私は思いやり深く、礼儀正しい人間だ。

17. 私は公平な人間だ。

18. 一生懸命働いているので、きっと成功できる。

19. リラックスして、冷静で落ち着いている状態だ。

20. 有益な習慣をいつも実行している。

WORK

行動計画

1. 一五分間、一人になって、やめたいと思っているネガティブな習慣を書き出す。
2. 一五分間、身につけたい、あるいは強化したいポジティブな習慣をリストアップする。
3. 先ほど挙げたポジティブな習慣を身につけるために、自分に言い聞かせる自己暗示を書き出す。

4. イメージを思い描きながら、四一日間のプログラムを行う。

【監訳者プロフィール】

サチン・チョードリー（Sachin Chowdhery）

1973年、ニューデリー生まれ。

日本企業のインド事業開発支援、マーケティング支援、M&Aアドバイザリーを業務とするAVS株式会社代表取締役会長。鳥取県の地域活性化をミッションとする株式会社ITTR代表取締役社長。

そのほか、経営コンサルティング会社、IT関連会社など、いくつもの会社を経営。神戸情報大学院大学では教鞭をとる。幼少時に父親に連れられて初来日、バブル期の東京で過ごす。

帰国後も当時のきらびやかな印象が忘れられず、1996年に再来日。

言葉の壁や差別など不遇の日々を送るが、印僑大富豪から「ジュガール」の教えを受けたことが大きな転機に。

いまでは母国インドはもちろん、日本、アジアでも数多くの事業を成功に導く実業家。

パナソニックやアクセンチュア、日産、NEC、富士通、横河電機、三井住友銀行コンサルティング、神戸製鋼、JTB、東芝、日立など大企業での異文化経営・異文化戦略を指導する国際コンサルタントとして活躍。

著書『大富豪インド人のビリオネア思考』（フォレスト出版）は、インドに伝わる成功法則「ジュガール」を初めて日本に伝え、ロングセラーに。

その他、『世界のお金持ちがこっそり明かすお金が増える24の秘密』『会話はインド人に学べ！』（フォレスト出版）、『インド人大富豪 成功の錬金術』（サンマーク出版）、共著には『WORLD-CLASS LEADERSHIP』（World Scientific Publishing）、『新興国投資 丸わかりガイド』（日本実業出版社）がある。

NHK「探検バクモン」、テレビ東京「カンブリア宮殿」、日本テレビ「NEWS ZERO」「news every」、フジテレビ「なかよしテレビ」など、テレビ出演も多数。

編集協力：鹿野哲平
ブックデザイン：小口翔平＋平山みな美（tobufune）
DTP：野中賢（システムタンク）
翻訳協力：147トランスレーション

【著者プロフィール】
シブ・ケーラ（Shiv Khera）

クオリファイド・ラーニグ・システムズ（Qualified Learning Systems Inc. USA）の創設者。作家、ビジネスコンサルタント、経営者、人気講演家。16の言語に翻訳され、276万部を売り上げる世界的ベストセラーとなった本書『You Can Win』をはじめ、これまでに16冊の著作がある。彼の顧客にはIBM、HP、キャノン、メルセデスベンツ、ジョンソン・エンド・ジョンソンなど、様々な大企業も含まれている。

【訳者プロフィール】
大美賀馨（おおみか　かおる）

1986年栃木県生まれ。東京農工大学卒業。訳書に『スーパービジネス　それはおばあちゃんのレシピからはじまった』（毎日新聞社)、『神様のホテル』（毎日新聞社）『【Life】ビリー・ジョエル』(ティー・オーエンタテインメント)がある。

君なら勝者になれる

2015年3月23日　　初版発行

著　者　シブ・ケーラ
監訳者　サチン・チョードリー
訳　者　大美賀馨
発行者　太田　宏
発行所　フォレスト出版株式会社
〒162-0824 東京都新宿区揚場町2-18　白宝ビル5F
電話　03-5229-5750（営業）
　　　03-5229-5757（編集）
URL　http://www.forestpub.co.jp

印刷・製本　日経印刷株式会社

ISBN978-4-89451-652-6　Printed in Japan
乱丁・落丁本はお取り替えいたします。

FREE!

『君なら勝者になれる』購入者限定!

無料プレゼント

監訳者サチン・チョードリーによる撮り下ろし動画

❶『YOU CAN WIN FOREVER!』 動画ファイル

サチン・チョードリーが『君なら勝者になれる』を解説。
あなたが一生勝ち続ける「成功者になる方法」をプレゼントします!

❷『君なら勝者になれる』未公開原稿 PDFファイル

『君なら勝者になれる』の未公開原稿をPDFで公開。勝つための戦略、ビジョン、価値観など、本書で語りきれなかった世界基準の成功法則を学んでください。

今回の無料プレゼントは本書をご購入いただいた方、限定の特典です。

※無料プレゼントはサイト上で公開するものであり、CD・DVD、冊子などをお送りするものではありません。

無料プレゼントを入手するにはこちらへ
今すぐアクセスしてください

▼

半角入力

http://www.forestpub.co.jp/ycw

【アクセス方法】 フォレスト出版 検索

★ヤフー、グーグルなどの検索エンジンで「フォレスト出版」と検索
★フォレスト出版のホームページを開き、URLの後ろに「ycw」と半角で入力

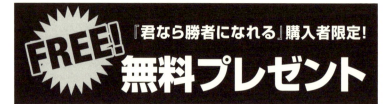